像野草一样生长

刘小呆／著

海南出版社·海口

图书在版编目（CIP）数据

像野草一样生长 / 刘小呆著．-- 海口：海南出版社，2019.1

ISBN 978-7-5443-8502-2

Ⅰ．①像… Ⅱ．①刘… Ⅲ．①刘真然－传记 Ⅳ．①K828.4

中国版本图书馆 CIP 数据核字 (2018) 第 272185 号

像野草一样生长

作　　者：刘小呆
监　　制：冉子健
责任编辑：张　雪
责任印制：杨　程
印刷装订：三河市祥达印刷包装有限公司
读者服务：蔡爱霞　郄亚楠
出版发行：海南出版社
总社地址：海口市金盘开发区建设三横路 2 号　邮编：570216
北京地址：北京市朝阳区黄厂路 3 号院 7 号楼 102
电　　话：0898-66830929　　010-87336670
投稿邮箱：hnbook@263.net
经　　销：全国新华书店经销
出版日期：2019 年 1 月第 1 版　2019 年 1 月第 1 次印刷
开　　本：880mm × 1230mm　1/32
印　　张：8
字　　数：150 千
书　　号：ISBN 978-7-5443-8502-2
定　　价：42.00 元

目录

壹 当我还是小屁孩儿

贰 老爸的骗局

叁 当我看到什么是生活

肆 曾经度过的那些糟糕岁月

㈤ 时间让我长大，经历让我成长

壹

当我还是小屁孩儿

老爸当和尚去了

那个早上，天空万里无云，我怀着什么都不懂的心情看着爸爸离开我们。他出家了，当和尚去了。这真是一件没法说的事情，一件很奇葩的事情。我突然感觉一下子什么都没了。那个时候我还处于比较叛逆的年纪，对于以后再也没有老爸管着我了这件事，还是很开心的。但是又觉得少了点儿什么，大概是，我的家没了。

就好比，你好好地站在那里，忽然一摸身上，发现家里的钥匙没了，然后户口本没了，身份证没了，手机没了，银行卡没了，上班的门禁卡没了，手提包没了，护照没了，什么东西都没了。

又好比，你上洗手间，明明每天伸手就能够到的厕纸没有了，什么可能的替代品都没有了，最后，连洗手间都被强拆了，总之，什么都没有了。

这件事情实在令人匪夷所思，人家有丢孩子的，我却把年富力强的老爸给丢了。

小小年纪的我还不懂什么是压力，什么是生活，亲戚朋友们都说，老爸去当和尚是为了逃避责任，我也还不懂什么是责任。亲朋好友的评价，我都不在意。只是觉得，出家也许是他选择的一份新工作、一种新生活。不过都无所谓，因为对于那时候开始有点小叛逆、并且不懂事的我来说，比起失去一个家庭的忧伤，换来的无拘无束的生活和即将面对的未知的一切更让我兴奋。

我偶尔也会想，老爸为什么要出家呢？有人说他不要我了，我觉得不会，坐在老爸的副驾驶座位和肩膀上一天天长大的情景历历在目，许多回忆不只存在于他给我写的书里，也留在了我的脑海里。

每天下班回家，老爸都会给我带一点好吃的、好玩的。无论他带回来的是精心挑选的小礼物，还是随便从办公室翻出来的破烂儿，我都乐此不疲地期待着。有一天他加班到深夜，回家时带了一个大西瓜，然后偷偷把熟睡的我叫醒。天津的夏天有些闷热，到了后半夜却也凉快起来，我们搬个小马扎，喷上一身花露水，以防蚊虫叮咬，然后拿着爷爷的大蒲扇，两个人坐在家门口的小花园里。路边微微闪烁的路灯，伴着夏季蝉鸣的声音。我们一人抱着半个西瓜，啃得满脸满身都是西瓜汁。

老爸不会做饭，只会煮面条。他在两个碗里面倒上调料，即酱油、香油、盐，再兑点水，把面煮熟之后捞出来放碗里，就算是一顿饭了。有时候会煮两棵青菜，没有青菜的时候，就这么吃。他管这个调料兑水的面叫“刘氏煮面”。这是我第一次学做饭，也是第一次感受到一个孩子和一个老爸共同完成一件事的成就感。

这些小回忆，即便过去多年，回想起来的时候，当年的场景依然会在脑海中浮现，老爸还把我从出生到10岁的成长经历、对话交流都记录了下来，出成了书。如果他不要我了，也不会费这么大劲了。他还告诉过我，我小时候用的很多钱，都是那几本书的版税。也许是我从小就学会了自立，让老爸比较放心，所以他才会安心去走他的修行之路吧。

确实，这些年，就是我自己挺过来的，多大的苦累都受过，什么苦大仇深的悲催事都遇到过。到现在能够自己好好地活下来，还没有被生活折磨到半身不遂，没有英年早逝，还算比较幸运。

老爸出家前画过很多画，好多人喜欢，我们家里也挂过，他还把我小时候画过的涂鸦挂在墙上，印在他出版的书里。他的画在公司里也挂，好多人喜欢。比如拉屎图。可能因为我们是两代人，有代沟，我真的是不理解，为什么这么难看的画还有人喜欢，还有人千方百计地想要一幅。现代人的内心真的很空虚，真的好忽悠。

来北京之前，我住在天津的公司里。那时候我的房间里挂满了老爸的画，天天看，不觉得稀罕，后来，这个拿走一幅，那个拿走一幅，最后都被拿得所剩无几了，直到有一天，堂哥问："有人想要办个画展，可是我们手里已经没有你爸爸的画了，怎样才能搞到？"我才意识到，没了，那些我们曾经都看不上眼的东西，一不小心就没有了。这个世界上，只要是你没有珍惜的，最终都会失去。哪怕是亲老爸。

其实，我早已经想明白了，即便我把这些画留着，最后也会流失，不是被老鼠啃了，就是被我的松鼠小呆啃了，或者是在哪次搬家的时候丢了，总之，这个世界什么都留不住，对我们每一个人而言，都是如此。哪怕是爸爸，即便他不出家，也会与世长辞。我自己也是这个世界的匆匆过客，最后一定会化为尘埃，随风而去。

长久以来，人们总是对"失去"这件事耿耿于怀，并非因为这些失去的东西有多珍贵，而是那种内心的痛楚总是让人坐立难安。老爸的离开，让我学会了接受失去，接受别离。

多么痛而现实的领悟。

人生中经历的漂泊

第一次搬家的时候我还很小，创业中的老爸拼了命挣够房子的首付，带着一家人从租住的小房子，搬进新买的大房子。新房是三室两厅，有两个大阳台，对于小小的我来说，那真是一个巨大的新宅。窗户外面有个小花园，我记忆中的童年，大部分都留在了这里。

卧室的天花板上有一个鞋印，是我在床上蹦跶的时候，把拖鞋扔上去留下的。因为这个鞋印，我挨了家人好一通骂，但是老爸却说，这是个艺术品，每天早晨醒来都能看到女儿的小鞋印，多开心。我想，我拥有过一个自在的童年，因为老爸觉得孩子的任务就是玩，我每一个奇思妙想，在他的眼里都是可爱的。只要不是原则性的错误，比如淘气惹奶奶生气或者把米缸打翻这样浪费粮食的事情。

2005 年，家里卖掉了这个装着我整个快乐童年的房子，举家搬到公司附近的一所房子里，后来为了我就近上学，我们又搬了几次家。小的时候看着家里搬迁，总觉得没有安全感，看着那些高大的搬家工人把家里的东西全部装进大货车，再回头看看空旷的客厅，小小的我心里有了一种说不出的滋味。当然，对一个孩子来说，新的环境可能更让人兴奋，但是等到新鲜劲儿过去，还是需要再过好一阵子才能熟悉周围的环境。经常搬家给我一种四处奔波的感觉，但是也培养了我对环境的适应能力。无论是换学校，还是换住处，对我来说都没什么特别，我不会适应不了新的环境，也不会融入不了新的朋友圈。

再后来我一个人生活，也是经常搬家，偌大一个北京，我东西南北都住过。刚开始我还会因为认床，在搬了家的第一天睡不着觉，后来就不会了。

我相信，人生中总要经历一段漂泊的历程——不管是身体还是心灵。有人说："每一个漂泊在外的人，都是为了有一天不再漂泊。"有些人背负行囊、漂泊在外不是为了多赚些钱改变自己的生活，而是想通过漂泊找到真正属于自己的力量和内心的真实追求。或许在有些人看来，这些努力是徒劳的，但请相信，只有真正漂泊过的人才知道自己到底想要什么，才能够珍惜自己拥有的一切。

跑腿的奖励

学龄前的那些日子，我都跟老爸耗着。那些百无聊赖的下午，我就在家里上蹿下跳，一会儿去厨房玩玩米缸里的米粒，一会儿爬爬墙上的柜子，要不然就是爬到老爸头上，像只猴子一样挂在上面。老爸嫌我太淘气，就会给我找点事做，比如叫我去超市帮他买点东西，告诉我要买什么，然后给我 10 块钱或者 20 块钱，让我自己溜达着去小区后门的超市。那是一个大型超市，我要在没有大人带领的情况下自己进去，找到要买的东西，排队结账，然后把要买的东西和找零都拿回来，如果自己多买了一个糖果，也要把花掉的钱和找零算清楚。作为奖励，老爸会把剩下的零钱都给我。那时候我才四五岁的样子，小小的人儿只觉得去超市是一件很开心的事情，那些琳琅满目的商品，只是逛一逛我就觉得很有趣，更何况手里的零钱可以让我在满满一货架的零食里，挑一个自己想吃的买回去，最后还能把剩下的零钱塞进我的存钱罐。因此，我对跑腿这种事情乐此不疲。

有一次家庭聚会，家里饮料不够了，老爸就让我去跑腿：“去买两大桶果粒橙，然后快点儿回来，别乱跑。可以多买两个棒棒糖。”

我就屁颠屁颠地去了。

亲戚朋友都说他：“你这么早就教孩子怎么花钱，以后眼里只认钱了怎么办？”他说：“早点儿锻炼孩子独立，对以后也有好处。”

后来爸爸每次带我出去，什么事情都会让我去做，他会给我一张银行卡，告诉我密码，告诉我哪里有取款机，要去取多少钱，买什么，几点必须回来……

到后来我一个人生活，很快就学会了钱该怎么花才能让自己在月底的时候不被饿死。这真的不是件坏事。

有一次我听老爸和朋友聊起这件事，他说，一开始他在超市门口等着，让我自己进去买东西，结账，再出来，他当时也是等得提心吊胆的，但还是相信我的能力。最后他发现，我一个人真的没问题。

见过很多孩子，看到喜欢的玩具，家长不给买，就原地撒泼打滚，哭闹不止，引得一群人来围观。这种时候大多数的家长都会碍于面子，就买了。但是孩子对玩具的价格根本没有概念，他虽然会因为得到心仪的玩具而开心，但很快就会玩腻了、玩坏了，哪怕是一个很贵的玩具，他也不会珍惜，因为来得太容易了。

也见过很多成群结队放学的孩子，他们会在一起谈论：“我爸给我买了新的苹果手机”“我妈给我买了新款限量乔丹鞋”……

他们在谈论这些的时候，同样对成百上千的东西没有概念。不知道一双鞋的价钱也许是他们毕业工作之后半个月的工资；不知道大几千块钱的手机、上万块的电脑，如果靠自己去挣需要挣多久。

我想，正是因为在孩子小的时候家长过于溺爱，没有早早地帮孩子树立正确的价值观，才会出现现在这么多的“啃老族”。以至于长大成年之后，还要找年老的爸妈要房子、要车子、要票子。

孩子小的时候，家长给孩子花钱，应该以长见识、开阔眼界为目标，而不是从小就纵容孩子的虚荣心肆意增长。也许很多大人都在拼命地挣钱，认为给孩子提供更好的物质生活对他的未来才会有好处。其实，有钱给孩子买苹果手机，还不如用这个钱带孩子出去旅游，看看中国有多大，黄河有多长。

35 块钱的大巴车票

搬到北京大概是在我八九岁的时候。我辍学在家的那段时间老爸自己教我念书，我觉得无聊的时候，老爸就会送我回天津，去他公司玩两天。他会开车把我送到长途客运站，给我买一张票，把我送上车，到了天津再让堂哥去车站接我。那个时候还没有高铁，路途大概两三个小时，也没有那么多手机游戏可以打发时间，我就自己坐在车上，看着窗外的风景，享受着一个人的短途旅行。往返的次数多了，老爸就开始让我自己去买车票了，我记得很清楚，35 块钱一张。

有一次老爸出差了，而家里有几幅画需要送到公司去，那个时候快递还不发达，他就让我去送。和往常一样，上车之前老爸各种嘱咐我，不要跟陌生人走，下车之前检查有没有忘记什么东西。因为有一次我和老爸一起坐车，他就把笔记本电脑忘在车上了，还好刚一下车就想起来了，不然很多重要的文件就都丢了，包括他写的那些稿子。

那次我在车上睡了一觉，到站之后被司机叫醒。我从车站出来，走到堂哥每次接我的停车场，等了半天也没看见他，我没有手机，就自己叫了一辆车回公司了。我兜里的零钱刚好够打车，当时想着，不够也没事，到了再说，不够就叫人下来帮我付车费。公司的大门总是半开着的，我推门进去的时候，不知道为什么大家都傻眼了。堂哥各种道歉，因为开会耽误了时间，没想到刚准备出门我就回来了。对我来说，独自完成一件事情已经是家常便饭了，但当时大人们会非常紧张和惊讶，可能是因为他们觉得这是一种非常严重的冒险行为。

也许是老爸铁了心一定要把我的独立能力培养出来，他不仅是让我自己去买东西，从我上幼儿园开始，老爸送我上学从来不会直接把我送到教室，而是在离学校还有一段距离的地方停车，在后面提心吊胆地看着我走进学校。五六岁的时候我在我家旁边的小区里上学前班，一开始他送我去学校，几次之后就让我自己骑着小自行车上下学了。

后来我也经常独自往返天津和北京，等再大一点儿，十几岁的时候，就开始一个人出远门了。小时候老爸经常对我说，如果一个人在外面迷路了，就礼貌地找一个路人，问问人家警察局在哪儿。在外面如果遇到自己不明白的事情也不要慌，多向别人请教，对一个谦虚可爱的小孩子，即便是陌生人也会很愿意提供帮助的。不知道为什么，这句话我就记下来了。后来我一个人出去旅行，大概 14 岁的样子，第一次到机场的时候简直一头雾水——托运行李，换登机牌，过了安检还要找登机口，好在我有一项很关键的生存技能，就是找人问，问了一圈下来，也就知道流程了。我算是一个比较粗神经的人，平时不爱动脑子，到现在有时候坐公交车还是会坐错，但是从来不担心，因为就算到了陌生的环境，有什么不知道的，还可以随便找个人问一问。我也从问路这件事情上，慢慢学会了如何跟陌生人打交道。

我不知道是不是那个时候老爸已经有了出家当和尚的念头，还是单纯只是想培养我独立生存的能力，但无论老爸的出发点是哪一种，结果都是一样的。一个孩子长大之后，他的生活就只能靠他自己去创造了。

俗话说，在家靠父母，出门靠朋友。我们可以去寻求他人的帮助，但不能指望别人帮我们解决所有事情。

道歉风波

我读小学一年级的时候，由于居住地不在户口所在地，就要跨区择校。在此之前，我读的幼儿园都是当时很好的幼儿园，为此老爸没少花钱。

但很奇怪，这次老爸给我选了一个处于城乡结合处的小学。

长大以后我才了解到，可能老爸当时是觉得让我多看看社会的不同面，对未来的人生有好处。

事实教育了他，极端的做法和想法都是不妥当的，因为上这所学校没多久，就因为一个小事件，我转学了。

事情的起因大致是这样的，大概是我的作业没做好之类的缘故，老师让我叫家长。

我爸来了，她冲我怒吼，也冲我爸怒吼，狠狠地批评了我和我爸，然后让我罚站，并毫不保留地罗列出我的各种不好。

也许，老师已经习惯了这样的表达方式，家长可能也都习惯了，但万万没有想到的是，我爸这个人不吃这一套，也没说啥，就让我转学了。

我问我爸为什么。我爸说，通过老师的言谈举止已经可以判断出这个老师不懂得如何去爱一个人，所以，把小孩子交给她，肯定不行。

这件事情让我很意外，我发现我爸跟别的同学家长的处理方式有很大的不同。别的家长要么就顺着老师，要么就跟老师吵架，争个理啥的，我爸却啥也不说，就转学走人了。

但另一次我就没有这么幸运了。在新的学校里，上课的时候，老师让我们排队，我对安排的位置不满意，然后白了那个老师一眼。老师很愤怒，很生气，就叫来了我爸爸。

我爸问清楚缘由，让我向老师道歉，我坚决不道歉，老爸就坚决让我道歉，老师就在一边，大概僵持了一两个小时。别的班级的老师都来看了。老师好像也不喜欢这样的局面，就劝他："算了，小孩子嘛。"我爸依然不同意，虽然心里老大的不情愿，但实在拧不过他，最后只好跟老师道歉了。

这件事情对我的影响很大，之后的岁月里，我意识到，一个人活在世界上要与人为善，谦卑调柔，但也不是唯命是从，逆来顺受。第一次老师让我罚站，大概是老爸觉得她的理由并不合理，只是为了发泄她心里的愤怒，运用手中的权力惩罚和羞辱自己的学生和学生家长。可能这个对很多家长和孩子都是小事情，但在他看来，这不正常，不是小事情。

我也觉得这不是一件小事情，可能父亲一直在保护我，希望我的自信不要被早早地摧毁，后来我见过很多自信被摧毁的孩子，胆小怕事，性格里有种种问题，尤其是容易被威胁和恐吓，有事不敢告诉家长，害怕遭到更大的惩罚。在小孩子的群体里，这些孩子往往是被欺凌的对象。长大之后我发现，我的老爸确实很辛苦，一个人生活在世界上，面对别人的指责、批评、误解乃至冤屈时，确实要具备“有则改之，无则加勉”的心量，但是，对一个孩子来说，既要保护他的自信又要让他懂得配合别人，其中的分寸，确实不太好拿捏。

但第二次，老爸没有向着我，是因为我对长辈的不尊重。成年后，回想这件事情，我觉得老爸还是很走心的。在团队里，合理的事情就要服从，即便自己不满意，也不能随意发泄和表达对别人的不满。自己有错，就一定要道歉。

这个世界上的人们虽然有着各自不同的生活背景，却都是平等的个体，理应得到平等的尊重。这种态度无关身份、地位、年龄、性别的差异，是对生命的平等对待，会带给人温暖的力量。

老爸一定是想教会我一些事情，一些非常重要的事情。我长大之后回想起小时候的那些事情，才突然明白，一个孩子的成长，至少在他10岁之前，都是需要保护的。需要有人保护他的尊严，保护他的自信心，同时也要教会他做人最基本的道德和涵养。我想，正是因为老爸在我童年时对我松弛有度的教育方式，才让我在后来的成长道路上，能够像野草一样，无人照拂，却不失本心地自由生长吧。

小孩子不要自己扛事情

上学和放学都是爸爸开车接送我，让我坐在副驾驶座位上。他常常给我讲两点要求。一是开车坐车要系安全带。他讲过一个故事，一个人开车的时候没有系安全带，结果出了很惨的车祸。还有一个人本来事业生活都很好，很有前途，因为坐在副驾驶座位上没有系安全带，结果车撞在树上，受了严重的伤。如果他系了安全带，就不会有这么悲惨的结局。

二是小孩子不要自己扛事情。曾经有一个新闻，说一个孩子在学校挨骂，老师要请家长，他在放学回家的路上从立交桥上跳下来，自杀了。

老爸说，世界上任何事情都可以解决，遇到事情就要告诉父母，一定会有办法的，不要自己藏在心里。父母的主要工作，就是帮自己的孩子解决问题，你要是不告诉自己的爸妈，就亏大了。

第一个故事讲的道理，我没怎么用上，也许我真的是生来没有考试的天分吧，多次努力也没通过汽车驾驶员考试。于是就考了一个摩托车驾照，有一辆300多斤的摩托车，它倒了，我自己都扶不起来的那种。老爸知道了，虽然没说什么，但我相信，他肯定检讨过自己对我的教育方式，让我从小就太有主见了，胆子也太大了，以至于就连买车这样的大事，都没跟家里人商量一下是买四个轱辘的，还是两个轱辘的。

长大以后，经过生活和岁月的磨炼，我觉得一个人确实要具备很多知识和技能才能更好地生活，但是头等重要的应该是珍惜自己的生命，认识到生命的重要性。生命，不仅对于我们自己来说很重要，我们也有责任为至爱的亲人爱护好，相比之下，别的都显得不那么重要了。

我很少去寺里看爸爸，偶尔去一次，见到我的时候，他都会问我，骑车危不危险，我总是说，不危险。然后老爸就不说什么了。直到有一次和朋友聊天的时候他才说到，女孩子骑那么危险的摩托车上路，换谁都不会放心，但是又不能强行地不让她骑，只能多嘱咐几句，让她注意安全。

第二个故事的道理，我用上了，在后来的人生道路中，小事，我自己拿主意，大事，会去找老爸商量。我发现，虽然他的思想比较落伍，但很多时候确实是对的，而且更稳妥，更有远见。

世界纷繁复杂，人生路上难免会有孤独无助的时候。虽然每个人都是独立的个体，很多事情都需要独自面对，但适当地倾诉会让生活更快乐。每个人遇到某件事情的时候，心里都会有个坎儿，不太容易跨过去，因为那时那刻，我们已经深深地陷入了自己的情绪当中，很难靠自己走出来，正所谓“旁观者清”，更何况，父母比我们的生活经验要多得多。我们内心深处那些不为人知的故事，日积月累到一定程度会让我们不由自主地陷入困境，人的忍耐是有限度的，一直忍着，憋着，说不准哪天就受不了了，自闭也好，抑郁也好，都算轻的，严重一点的说不定真的一脖子吊死好解脱，但也许事情真的并没有严重到非要一死了之的地步。我们也没有必要把所有的事情都藏在心里默默地扛着，尤其当还没有能力调整自己的时候。

校园冷暴力

在我小学二年级的时候，因为家里人比较忙，没时间照顾我，就给我找了一个私立的寄宿学校，位置在离家四五站公交车程的一个菜市场附近。我周一到周五住在学校，周末回家。

奇怪的是，整个学校只有四个女生是寄宿，只有一间女生宿舍，男生却有很多。男女宿舍在同一个楼层，基本是挨着的，洗澡间也只有一个，男生和女生分时间段使用。教室都在楼下。整栋楼里都没有厕所，不管是白天还是晚上，我们都要从教学楼里出去，穿过后院的大操场，走到操场角落上厕所。晚上很瘆人。

女生宿舍有一个女宿管，50 多岁。宿舍里的四个女生中有一个是一年级的小姑娘，忘了叫什么了，她比较特殊，除了睡觉时间，从来不和我们在一起，一放学就去找宿管老师了。宿管老师对她很关照，对我们三个女生差一些。

教学楼晚上不开灯，要是想去厕所就得拿着手电筒去外面上厕所，到了半夜，黑漆漆的楼道真是挺吓人的，所以我们一般都是几个人结伴一起去。有一天半夜，那位“特殊”的女生想去厕所，大家都熄灯睡觉了，她不敢自己去，也没叫我们，结果就尿床了。第二天大清早我们就挨了宿管老师的批评。当真莫名其妙，没有人知道发生了什么，听着宿管老师的批评，我们才大致知道发生了什么事情，原来是责怪我们欺负同学，不陪她上厕所，让她尿床了。

她说：“为什么你不陪她去厕所，还不让别人陪她去？”

我说：“啊？不知道啊，昨天晚上大家都睡了。”

老师：“小小年纪就会撒谎了。”

我说：“我没撒谎。”

老师：“你还敢顶嘴了。”

我说：“我没有撒谎就是没有撒谎。”

宿管老师很生气，气呼呼地走了，那个女孩子也跟着出去了。我们三个女生在宿舍里琢磨着刚刚发生的事，确定半夜谁都没有听到她叫我们陪她上厕所，都觉得挺委屈的，就各自去上课了。

那个时候我还不知道，什么叫作孤立。

变化是从第二天开始的。下课的时候没有同学跟我说话了，也没有老师让我回答问题了，晚上自习的时候不再有男生跟我闲聊了，连一个宿舍里的另外两个女生也不和我说话了，后来她们在厕所里偷偷告诉我，说不敢跟我说话，如果被别人知道了，会被批评，后果很严重，甚至可能会影响升学。

那段时间虽然很无聊，但是我也渐渐习惯了，可能是舍管老师太爱那个孩子了吧，不想让她受到一点点委屈和伤害，所以采取了伤害我的方式来试图免除她的痛苦。但是不知道为什么，小学二年级的我，竟然会觉得这件事情很幼稚。

周末回家的时候我也没有跟家里人说起，大概是因为年纪小的缘故吧，也没太当回事，反而觉得很爽，因为没有人给我留作业了，上课不用回答问题，早上不起床、不去上课也没人管，体育课也不用运动了，可以直接回宿舍睡觉，真是超级爽。我开始喜欢上寄宿学校了。

不过好景不长，舍管老师见孤立我并没有达到应有的效果，加上快到期末考试了，再这样下去我估计连考试都不去考了，毕竟她可能只是想让我“屈服”，而我性格也太犟了，居然没被搞定。很快，她解除了对我的孤立。

但我依然不去上课，满学校溜达，趁着门口保安大爷不注意偷偷钻出去，跑到菜市场里溜达一圈买零食吃。事情已经超出了学校的掌控，但又没办法收场，大家都不好意思叫家长来，我自己也不知道该怎样结束这个尴尬的局面，也很心虚。不过没过多久，家里又要搬家了，我自然就转学了。估计学校也松了口气。

这件事情回想起来真是挺好笑的，整整一个学校都搞不定一个小孩子。可能是我小时候的性格比较强硬，虽然说和大人顶嘴不是什么有教养的事情，但我也不能白白接着人家泼过来的脏水。不过有句古话：“过刚易折。”太过强硬的性格使我在后来的日子里吃了不少亏，性子最后也是被磨得很软了。不过我当时还是很庆幸自己拥有强势的性格，也幸亏我爸爸教我什么事情都别太当真，不然，那种孤立可能会折服我，让我跟大家一样成为一个听话的孩子，但是也可能会让我的内心很扭曲。

也许，成长就应该这样，只是我没有学会适应。

也许，这个世界上，还有更好的成长方式，只是我没有遇到。

老爸对我的教育，一直都是尊重孩子的天性。他在和我交谈的时候，常常像和一个朋友说话一样，在对等的关系下交流，而不是用父亲的严厉去要求我一定要怎样。这种沟通方式让我能够很早听懂他说的很多道理，遇到问题的时候也不至于措手不及。想想看，现在的网络这么发达，随处可见各种校园暴力，青少年自杀，得了抑郁症的孩子更是非常多。

我所观察和了解到的这些孩子们，普遍都是遇到事情不和家里人说心里话，父母也从来没有认真对待孩子的表达。可能是孩子们表达了，父母却不知道该如何处理。总而言之，就是彼此之间缺乏信任和互动，彼此之间也不了解。

实际上，校园也是一个小社会，孩子之间的种种冲突和问题不比成年人少。社会上的竞争意识也被孩子们带进了校园，人与人之间是有身份地位的差别的，孩子们之间会谈论谁谁的父母是干什么的、开什么车、家里有多少钱等。

孩子们的学习成绩也会被拿来攀比。如果一个孩子家庭背景好，学习也好，就有更强的自信成为佼佼者，被老师青睐，被同学们羡慕。反之，就惨了，如果家庭背景一般，学习又不好，再加上性格内向和懦弱，那就很有可能成为被欺负的对象。

孩子之间的竞争也很残酷，谁上了能够提高分数的补习班，都会保密，不让别人知道，以免别人也去上、学习成绩超过自己。

这是一个优胜劣汰的社会，其实，挺不好的，大家普遍感受不到爱和尊重，只有竞争和压迫。

一个孩子，很难在强大的孤立和冷漠的环境中坚持下来，很容易就被打击成一个懦弱的人，再培养坚强的性格就很不容易了。

很多时候，我们看到网络视频里那些不堪入目的校园欺凌，好多人群殴一个人，都会问，孩子们到底是怎么了。

其实我觉得就是有一个孩子美好天真的自尊和自信被彻底摧毁，另一群无知的孩子通过欺凌他（她），企图找到自己内心扭曲了的自尊和自信。

我希望更多的孩子都能够避免糟糕的事情发生在自己身上，

无论遇到什么事情，在遇到没有人能保护你的情况下，在你感到绝望之前，一定要先保护好自己。

很多时候，我们不经意的一言一行，都有可能使我们被孤立。其实，被孤立不一定是自己不好，如果因此而自我否定进而一蹶不振，那么最终击垮自己的不是别人，正是自己。

家有小网红

也不知道老爸在搞什么名堂，我上报纸了，后来才知道原来是因为他不让我参加小学课程里的各种考试。别的小朋友都考试，他却不让我考。其实，我觉得考不考都无所谓，但不知道为什么他就那么介意考试。

现在想来，他还是有道理的，现在的中小学都开始不排名次，更重视教育，而不是分数。当时在学校里，考试分数是衡量一个人优秀与否的唯一标准。其实，人的能力和条件有很多面、很多角度，只抓住一点，是不妥的，用分数作为社会选拔人才的一种方式，是无奈之举，但是对于个体而言，还是要更清楚地看到根本，不能本末倒置。

这个考分严重地束缚了家长和孩子的心灵，家长为了孩子的考分非常焦虑，孩子也为了考分拼命，却忘记了生活本身，忘记了学习是为了更好地创造。

当然，确实有一批孩子很适应考试，并且通过紧张的考试这种方式获得学习的乐趣和能力，成为学习竞赛中的胜利者，并最终成为社会的管理者，而学习成绩不好的孩子就进入被管理层或者执行层。可是，在大加褒奖高分的时候，我们有没有安抚过那些成绩不好的孩子，帮助他们创造更多的机会？平心而论，学习成绩不好的孩子，小小年纪就要承受那么多的嫌弃、批评和指责，我们有没有想过，这些孩子在家里、在学校活得多么憋屈。

教育的目的只是选拔吗？

即便我们选拔出了优秀的人才，成为社会的管理层，那么我们牺牲掉执行层，那管理层还有什么意义呢？

当然，这些都是我后来逐渐领悟和理解到的，当时的我就只是很开心。

那天突然有记者来家里采访我，举着摄像机，拍了我在家里一天中所做的事，还让我煮面给他们看。那大概是 2004 年，我 7 岁的时候，要去各种电视台录节目，后来又上了报纸。那时的我并不知道发生了什么，只觉得很好玩，大家都在问我为什么不考试，我也很奇怪，是啊，为什么不考试呢？不过，我还是很喜欢不考试这件事，因为去电视台录节目，总是有漂亮大姐姐陪我玩，给我买好吃的，还会送我一些玩具。记得有一次去南京，节目组的大姐姐还请我看了电影，临走的时候还送了我一整套乐高积木。

当时的媒体进行了一次讨论，有肯定的，也有反对的。肯定有肯定的理由，反对有反对的理由，但能感觉到大家还是挺兴奋的，毕竟这么多年，很少有人站出来，对分数提出质疑、挑战，并且实践。有的人觉得这么做挺好，但更多的人还是觉得，这个孩子将来怎么办呢?

老爸并不怎么在乎这些说法，他该干什么还干什么，他觉得这种改革是早晚的事情，他只不过是先走了一步。就像计划经济的时候，辞职是一件天大的怪事，但现在，不辞职，在一个地方干一辈子才是怪事。

当年，我爸爸就是一个早早地从国营工厂辞职的人。

老爸给我写了一本书，记录我的成长，之后又出了两本，想来我的写作天赋要么是遗传，要么跟老爸的教育理念有关系。他告诉我，语文千万不要太认真地学，看看就行了，学得太好，将来就当不了作家了，写的文字也卖不出去了。

电视和报纸讨论我只上学不考试的事情，到现在还能在网上搜到，当时的我还是个小屁孩儿，完全搞不懂大人们的那些事儿，只是经常会有人问我，你不考试，以后怎么办呀？我能说什么呀，小屁孩儿，除了吃吃喝喝玩玩，哪能想到关于人生和未来那么深刻的事情。

老爸写的这三本书，分别是《你不就是希望我快乐吗》《我就是希望你快乐》《我还是希望你快乐》。虽然书名很美好，可是生活比我们父女想象的要残酷得多，后来的人生，我们并没有获得太多的快乐——至少我觉得是，更多的感受都是没完没了的坚持和努力，泪水和汗水。

爸爸只是希望我快乐而已，其实，他根本做不到。这个世界上，只有极少数大彻大悟的人能真正做到。

第一本书的名字是我起的，有一次我上幼儿园，生病了，老师给吃了药，还是不见好。学校打电话让爸爸马上去幼儿园接我，然后带我去医院看病。爸爸因为忙，一直拖到下午才赶到。当时我的肚子已经不疼了，病也好了，只是心里有些委屈。老师说："刚想给你打电话，告诉你没事了，不用来了，但你已经来了，不好意思，你走吧。"我就搂着爸爸不撒手，不管怎么说，都要让爸爸把我带走。

爸爸没办法，就同意了，一出幼儿园，我就开心地笑，别提有多开心了。爸爸也很开心，我们两个就这样开心地笑了很久。然后爸爸问我："你为什么这样快乐？"我说："你不是就希望我快乐吗？"

后来，出版社的编辑老师对这句话也有同感，因为他当时也有一个和我同龄的女儿，大概也说过类似的话，于是，这句话就成了书名。后面的两本书，都没脱开这个"快乐"的话题。

人的一生是在经历过很多事情之后才获得成长的，这种成长包括身体和心灵，心灵的成长不是要增加什么，而是要扔掉什么。很多时候，我们不能快乐地成长，是因为成长道路上遇到了羁绊和束缚，比如别人的经验、大人的偏见。我所渴望的成长是，凭借一己之力挣脱束缚，静待羽翼渐丰，而不是等着父母扫清前方的障碍之后，“顺利地”复制别人的人生。

看到的世界和想象的有距离

从上小学开始我就不停地转学、搬家，到了三年级的时候又换了一个新的学校，依然是在菜市场附近的一个普通小学，真是离不开菜市场……过了这么多年，上学时候的事情我基本都没什么印象了，发生的大多数事情也都是记不清的，除了一些比较有意思的事情。比如在三楼教室听见楼下操场有小男生骂我，我站起来就把自己的椅子顺着窗户扔了下去。还好没砸到人，但是我被罚一节课都站着，等到下课自己再去把椅子捡回来。虽说椅子掉在了楼下的草丛里，但也真是够结实，竟然没摔坏。

中午我和同学去小卖部买零食，遇到隔壁初中的小哥哥在收保护费。同学是个小男生，一副怯怯的样子说："哥哥你别打我，我的钱都买零食了，没有了。"收保护费的大哥哥说："那你把零食都交出来。"我也不知道哪里来的力气，顺手拎了一辆不太大的自行车就砸了过去，把他吓了一跳。我叉着腰，对他们说："以后不许你们欺负我们小学生！不然我就去告诉你们老师！"之后我们再没被收过保护费。小同学送了我一小包糖。

估计我的胆大除了天生的基因外，可能也来自于老爸平时的教育，他告诉我，任何时候都不要被吓怕。

一次放学回家的路上，我看到路边躺着一个人，血从马路这边流到对面，像是被人打的。路上人来人往，却没有人过去帮忙，只是看看就走了。顺路一起回家的同学被吓哭了，我在马路对面，冲着躺在地上的人喊了几声，没有回应，就一边安慰着吓哭的同学一起回家了。那时候我没有手机，也不懂那么多，回家之后还担心那个人会不会就那样死在路边，不过吃晚饭的时候就忘了。第二天去上学，那个人已经不在地上了，血迹也被清理了。但愿是好心人帮忙叫了救护车，把那个人带去医院了。

我还能记得的大概也就是这些事，再回忆起来，对小时候的自己也是感慨良多。三年级的时候我在学校也不是什么好学生，老爸教我要勇敢，但是女孩子勇敢了就肯定不是淑女，所以我经常跟高年级男生在操场打架，滚一身的土。我也不参加考试，好不容易参加一次，数学考了 9 分，英语考了 6 分，语文倒是考了 90 多分。我不知道我爸爸是怎么接受我这样一个"勇敢"的女孩子的。

我们看到的世界，真的和想象中的有很大出入，看起来环境优美的学校，谁能想到门口有人向小孩儿收保护费，不交就要打人呢？小孩子的内心承受能力也还没有那么大，如果没有人教他如何勇敢面对不好的事情，软弱的孩子就会被欺负，被欺负久了就会留下心理阴影，也许还会影响一个孩子的未来。

三年级的时候，我的班主任是数学老师，因为我数学成绩太差，老师很少搭理我。可能是因为原来有记者去学校采访过我，对学校来说也算是个好事情吧，所以我也没怎么被老师训过话。请家长倒是常有的事，但是老爸去没去我也不知道，总之三年级的上学时光还算是比较自在的。

虽然只有 3 年，但是我也见识到了学校生活的很多细节。对一个孩子来说，这里确实是很好的成长和生活环境，唯一遗憾的是对人的爱和理解还是有欠缺。如果一个孩子学习成绩很好，在学校里可能会生活得很滋润，但是，一个学习成绩很差的孩子，就没法过了。

这真是一件两难的事情，孩子自己也想学习成绩好，但是，暂时就是学不好，又能怎么办呢？冷落他、批评他、逼迫他，甚至伤害他，也许有的人就学习好了，但我觉得大多数可能会走向更糟糕的极端。

有没有一个学校，既爱学习成绩好的孩子，也爱学习成绩不好的孩子呢？

我常常想，为什么我们所生活的世界与想象中的不一样。

无论我们多么努力改变我们的内心，努力让自己变得宽容大度、乐观向上，依然也只是能让自己的日子过得松快一些而已。尽管渺小的我们对这个世界来说，无论做些什么都是微不足道的，但是，至少我们改变了自己，就有希望改变这个世界。

一辆自行车引发的风波

再一次搬家找的房子在老爸公司附近，搬家之后才找的学校。因为离家比较近，我就买了一辆小破自行车自己骑车上下学，中午去老爸公司蹭饭，一起吃工作餐，在他公司捣捣乱玩一会儿，再回学校上课。有一天，我的自行车丢了。学校里面的停车场不让学生的车进去，只能停老师的车，所以学生们一般把自行车锁在学校对面的路边，找棵树，把自行车和树干锁在一起。但还是经常会有人丢车。以前用的都是链条锁，或者是胶皮绳的那种锁，很容易就能剪开。

自行车丢了之后的几天，我每天上学只能步行，骑车 20 分钟的距离步行基本要多出一倍的时间。小短腿能走多快，中午还要再走一个来回，真的是活活累死。之后我又买了第二辆自行车，黄色的，轱辘特别小，可以折叠的那种。好开心啊好开心，终于不用走路了。拥有一辆崭新的小车，骑到学校第一件事就是跟小伙伴们显摆：“你们看我的车好看吧，黄色的，还会折叠呢！”

可是好景不长，没过多久我的小黄车也丢了。中午回家吃饭，出来一看我的车没了，去小卖部花5毛钱给老爸打电话，说自行车又丢了。老爸让我先回去，下午不用去学校了。不知道发生了什么的我，一路连蹦带跳地屁颠屁颠地回了家，满脑子只想着下午不用上课了。

下午老爸去了学校，回家之后问我："然然，你还想不想上学了？"

我说："不想啊，当然不想了。"

老爸说："那你不上学，以后不就成文盲了吗？"

我也不知道说什么好。

后来，我才知道，爸爸不想让我上学，是因为那个学校不让孩子们的车停在学校里，早晨、中午不到点就不给孩子开校门，提前到校的孩子们就要在马路边站着，原因是，怕孩子们提前进了校园，破坏学校的操场和教室。据说，我爸和校长有一些交流，大致的意思是，学校就应该保护孩子、爱护孩子，弄清究竟是操场重要还是孩子的安全重要。

当年，全市的小学都是这样，每到早晨和下午，马路边就站满了孩子，等着学校开门，而学校不到点是绝对不开门的。我爸爸认为，这不仅仅是安全问题，还暴露了一个更加严重的问题。他认为，这样的学校不能给孩子带来尊重和爱。当天晚上，他跟我商量是否可以不去上学了。我当然很乐意。

于是第二天上午，我就回学校收拾东西，还跟小伙伴们炫耀了一通："你们看，我不用上学了，哈哈哈……"下午我就办了退学手续，正式辍学了。

长大之后再回想起来，上小学的时候我之所以能够不被学校的教育体制捆住，其实还是因为有老爸给我兜着。虽然学习永远都不会是快乐的，但他还是努力让我有一个快乐的学习环境。一个学校不行就换一个，感觉不适应了就再换，实在不行就不上了，不想考试就不去，我知道他是不想我因为考试分数而有压力。

老爸认为的不适应不是学校的物质条件，也不是操场的草坪是否标准，而是人是否有爱，如果有爱的话，环境差一些不要紧。后来，我就真的不上学了。

他能这样做，其实也是有前提条件的，并不是说家里多有钱。我上学的时候家里的条件只是看起来还不错，有车、有房、有公司，但实际上也欠了银行一堆钱，公司效益不怎么好，身为老板，爸爸也要拼了命地工作。老爸认为，在大城市出生的孩子，不管条件多差，至少环境在这儿摆着，高楼大厦，车水马龙，就算不上学，以后没有学历，但从小被周围的环境影响着，眼界和思想也会有所不同。这也就是我辍学之后，老爸卖掉房子，举家搬到北京的原因。

但是，这种做法对大多数人是不合适的，不值得效仿，因为它避开了一个矛盾，但也只是回避掉了，并没有解决它，同样会遇到另一个矛盾。只是，我爸爸可能觉得自己有足够的时间和精力和我一起去面对这个事情。

离开学校这么多年，曾经大家担心的不上学以后没出路这个问题也并没有发生，现在的我拥有稳定的收入和比较稳定的生活。但是这一点也不值得效仿，我想主要是因为爸爸的缘故，他不让我上学，自然就想好了一条路，并且他确信这条路能走得通，事实上也确实是。我靠自己的努力，加上父亲的帮助，才能够绕开文凭这个门槛，其实，这样做也是有风险的。

我想，更多的人，还是要通过上学、读书、考试，获得学习的经历、经验，获得文凭，获得别人的认可和机会，获得工作的机会，然后走入社会。我的人生道路，是个案。我可以确定的是，这种极其特殊的探索，可能会给社会提供一个精神层面的参考，但肯定不值得效仿。这跟我爸爸和我的性格有关，他是一个有冒险精神的人，我也是。

其实没上学还有很多遗憾，没有同学聚会，也没有毕业照，体验不到那种多年不见的老同学聚到一起时的感动，也没有经历过什么青春岁月。

人们总是在尝试，在探索和发掘，总是希望把冒着巨大风险所获得的经验分享给更多的人，但是，也可能付出了沉重的代价却一无所获。对于未知，你选择尝试后失败，还是逃避后遗憾？我认为只要尝试过，就没什么可遗憾的。正如老爸在对我的教育方式的探索，正如我对自己成长道路的尝试，尽管绝大多数人并不赞同这种做法，但我并不后悔，因为我知道什么最重要。

贰

老爸的骗局

无处安放的童年

为了我的学习和教育，老爸大费周章地举家从天津搬到北京，在当时还算是郊区的亦庄租了一个两室两厅的房子，具体记不太清，我只记得辍学没多久，就来北京了。小时候我对北京这个首都并没有什么概念，到后来才发现，北京真大。

家里有一个失学儿童，大概会让当爹的很头痛，他找不到一个能够让我心甘情愿地待在那里好好学习的学校。他确实到处去找了，但都没有满意的，他想找的大概是有着非常有爱的，能够理解孩子、尊重孩子、能够耐心地接受孩子的缺点、适时地教育和点拨孩子的老师的学校。

实际上，这个好像不太现实，哪里能有这样的学校？想来，我爸这个人也是个理想主义者。我是在家待着了，可是他也担心不学习的话我将来怎么办，于是他就买了一些教科书，自己在家给我上课。想想也真逗，他一个整天忙工作的老男人，一把年纪了还要买小学教材，自己读，然后在家里教闺女学习，这个事情现在怎么想都觉得不是那么靠谱。但老爸给我上课的方式，和我当时想象的有些不同。

每天早上天蒙蒙亮，就把我从被窝里揪出来，拽着我围着楼下小区跑步。我们风雨无阻，要是赶上刚下过雨，还要捡蚯蚓……大雨过后的路边总是有很多蚯蚓在地上扭来扭去，据说是被雨水冲出来的，于是他就让我和他一起捡蚯蚓，把它们扔回草丛里。我胆子大，并不觉得害怕，反而觉得挺有意思的，因为捡了蚯蚓就不用怎么跑步了。

结束晨练之后我们顺便找个早点摊买早点，回家吃过早点他会给我安排一些作业，让我自己看看书，做做练习题之类的，然后他就去工作了。他比较强调心算，会让我在短时间里算出结果来。

学习难度不是很大，语文课就是读一读，把生字写会了就行。数学课就是算啊算的。上完课之后是休息时间，我就赖在沙发里看电视。他有时会在厕所门口摆个小桌子写稿子，有时会出去办事。也不知道为啥他要可怜巴巴地蹲在那个犄角旮旯，后来我才知道他是因为在公司天天加班，椅子坐久了，落下了多坐一会儿就会屁股疼的毛病。

这样的学习生涯并没有持续多久，因为老爸还要忙着挣钱养家，实在是没精力照顾我这个小屁孩儿。有一次，因为我在他给我讲课的时候跑去客厅拿东西，被他狠狠地凶了一顿，那是记忆里老爸第一次凶我，也许是因为那个阶段他的压力比较大，担心着我的将来，苦口婆心地讲课我还不听话，所以一下子就爆发了。可以理解，毕竟我是个 5 岁就能顺着柜子爬上房顶的熊孩子。不过那时候我也不太开心，大概是有点儿叛逆，不愿意听他给我上课，好不容易不用学习了，能在家撒欢儿睡懒觉了，又要大清早被拽起来跑步，还要捡蚯蚓，连个懒觉都没的睡，真的是不想听话。

后来老爸也发现了在家学习的一些问题，比如在家学习了一段时间，我就变胖了，家里有床有沙发，我上完课就找个地方躺着，不像在学校没地方可以躺。而且家里只有我自己，也没有同学，在学校上学会建立很多社会关系，会跟很多人交流，于是父亲开始想着继续给我找学校了。也不知道他从哪儿听来的，北京有学国学的私塾，结果上网一搜真的有，了解了一下就连哄带骗地卷着我的铺盖卷把我打包给送过去了。

去了私塾我才发现，原来还是在家好，同样是要早起，但不用去背那些枯燥的经典著作，在家老爸最多给我讲讲“弟子规”，去了私塾，老师直接让我把一万多字的《论语》背下来。虽说吃素有益健康，可是这里的饭菜太单调了，我记得最清楚的就是总是吃黑芝麻糊烧茄子，时间长了我是真的受不了。至少在家还能吃个正经饭。早知道我就在家乖乖地听话捡蚯蚓了，也不至于花 5 块钱剪掉我留了 5 年的马尾辫。

老爸的骗局

为了让我同意去私塾上学，老爸先是给我描述了一下学习国学的好处，以及书院有花有草、空气清新的环境，同学们吃住都在一起的氛围，体验集体生活对以后的成长有帮助……我心里再不情愿，也明白这件事情是他已经决定了的，再说什么也不会改变。就像当初我辍学在家，彻底脱离体制内的教育环境，亲戚朋友们也是百般劝阻反对，说这样会毁了孩子之类的话，他还是坚持他的决定，同意我不再去学校上学。

书院在五环外靠山的一个别墅区里，三层的别墅加上种满花花草草的小院子，听完校长对传统文化的教育理念，更让老爸觉得，这是一个好地方。送孩子来书院上学的家长一方面不认同体制内的教育方式，一方面又担心如果孩子一直在这里学习，以后该怎么办。于是校长告诉家长们，在私塾学习的孩子未来的前景很广阔，未来几年里传统文化会成为教育的主流，大家会越来越重视传统文化教育，在国外开设的孔子书院就是一个明证。当然，还有各种憧憬和对未来的预测，总之，都是很美好的，我们这些学生也多少能听到一些。

把我送到书院，都安顿好了之后，老爸说："等你把《大学》背下来，就不用再来了。"为了不在那个地方久留，我几乎使出了洪荒之力读《大学》，用了半个月，就几乎背下来了。然后老爸又说："等你把《论语》背下来，就不用来了。"当然，这也是在忽悠我，这一次，我用了整整一年，才把《论语》20篇全部背下来。然而善良可爱的我，又一次中了这个"老狐狸"的计。

说到中国传统文化，大家首先想到的就是《弟子规》《三字经》《论语》《大学》《孟子》《老子》什么的。那时候我太小了，根本就不知道那个时候中国确实是正在恢复传统文化的初期，我算是个先行者，被拿来做了实验，很难说到底是利还是弊。

每天除了一日三餐及一个小时的"放风"时间，其他时间我们能做的，只有背书，就是单纯地执行任务，背不完不能吃饭，喝水上厕所也要举手打报告。书院的生活并没有古色古香的惬意，整天就是背书背书，机械地背，让我们很不喜欢，感觉就是浪费时间，感觉书院也是在摸索，到底应该怎么教育这帮小孩子，也没有具体的先例。

有段时间书院添了新课程，找了老师过来教孩子们打长拳，好像是中国武术里的一种拳法。周末老爸来接我，问了我在书院的情况以及新的课程好不好玩。我问老爸为什么要学打长拳。老爸说，面对敌人的时候可以保护自己。我说，难道敌人来了，我要在敌人面前打一套长拳吗？老爸无语。

书院的活动室里都是书架，上面摆满了各种国学经典，还有四大名著的文言文版。老师给我们留任务，每个人选一种，不光要看完，还要写读后感和总结，写不好就得重新看一遍。现在想想觉得很好笑，让七八岁的孩子看文言文还得看懂啥意思，要是都能看得懂，那还不是神童了呀。但我们还真的很够意思，强迫自己看完了，读后感至少还可以参照着电视剧勉强写一写。男生大多选《水浒传》和《三国演义》，女生选《红楼梦》和《西游记》，每一部大概都有五六本，每本都是厚厚的，全部读完大概用了三个多月。只记得，书我看完了，读后感也写了，至于里面的内容，依然只记得电视剧里演过的那些剧情。

在书院的两年时间里，我背了很多部经典，加起来能有将近 10 万字，但即便那时倒背如流，在离开书院的第二年，我也都忘得一干二净了。在之后的很多年里，当听说我以前上过私塾的人问道："你会背《论语》不？"我都会说："不会，都忘了。"并不是古人留下的经典不好，而是别人硬要往你嘴里塞的东西，再好吃，都并不想吃。强扭的瓜不甜。

当然，这是我自己当时的感受——对一个小孩子来说，很不爽。但是，大了以后，我确实也体会到很多好处，比如，现在我的写作就不困难，读书也不困难，跟那时候大量背书应该有很大的关系。好多事情，真的是很难说。

我是2006年进入书院学习的那一届，因为书院刚刚成立不久，我们那批学生，光荣地成了那个时代中华传统文化教学的民间实践者，酸甜苦辣，利弊都有。同期的几个同学，至今还有着联系，这大概是我人生中仅有的几个“曾经的同学”了。

从私塾毕业之后，直到现在，听说我念过私塾的人都会问我：“私塾怎么样？”“你觉得上私塾学到东西了吗？”“你后悔去念私塾吗？”大多数时候我都只是随便应付地回答一下，很少自己认真地思考这些问题。

其实谈不上后悔不后悔，因为我了解自己的性格，就算不去上私塾，在学校里也不会有什么好日子过。只不过私塾里的生活相比上学，一个是身体上苦，一个是精神上苦。反正人生就是苦，怎么都要经历的，所以哪种苦就无所谓了。

一碗感人的咸菜

回想起来，孩提时期就是好，多艰苦的环境也不知道苦，只觉得不开心，但是再不开心，都能找到一些乐趣。书院为了让孩子们好好吃饭制定了禁止带零食的规定，我们就偷偷带，到处藏，一开始藏在宿舍衣柜里，用衣服包起来，宿舍里的床是铁架子的，上下铺，上面铺一个海绵床垫子，有的人把垫子掀起来藏在下面，有的人直接把边角的海绵掏个洞，把零食藏在洞里，有的藏在枕头里。虽然感觉很安全了，但白天上课的时候会有老师去宿舍检查，翻衣柜和床，连枕头里的棉花都拽出来查。被搜到藏零食的人会被当众批评，并被罚少吃一顿晚饭。后来我们学聪明了，几个人一起把衣柜挪开一点儿，把糖塞到后面的缝里。暖气管外面有一个防烫的木头板，把侧面掏个洞，大包的零食就藏在里面，或者在院子里靠着墙的小竹林后面挖个坑，把零食包好藏进去，再拿叶子盖上。当然，大人的身型是钻不进去的，所以也是个非常安全的藏匿点。那时候为了吃的，真的是跟老师斗智斗勇，只要一看到有老师进宿舍就提心吊胆，直到老师两手空空地出来，才能松口气。

其实如果平时能吃饱，我们也不至于这样，不是书院不给饭吃，而是食堂的饭菜实在是太难吃，也可能是我们太挑食，平时在家里吃得太丰富了，太娇惯了，到了新的环境，被约束起来，实在是不高兴。书院的招牌菜除了黑芝麻糊烧茄子，还有浓缩柠檬汁炖冬瓜、老干妈炒豆瓣酱、青椒炒辣椒、里面有只蜜蜂的小米粥、和小虫子一起被剁碎的大白菜，还有偶尔会混着小蚂蚁的白米饭，等等。山里虫子多也很正常，冬天院子里的墙根会摆满大白菜，虫子就会钻到白菜心里，既能取暖，还有的吃。黑暗料理很有创意，不合胃口也不能怪厨师。确实是我们太娇生惯养了，所以，到了正点吃饭的时候就吃不下，过了饭点就会饿，就要吃零食，老师们为了改正我们的这些毛病，也是拼了。

但我们每天面对这样的饭菜实在是难以下咽，为了培养我们尊师重道和服务他人的习惯，学生们每天轮流当值日生给同学和老师打饭，平时不能剩下饭菜，值日生给打多少，就得吃多少。今天谁值日，大家就会比较喜欢他，要是遇到新奇的菜就希望他能多盛一点儿，不喜欢吃的菜少盛一点儿，但是，书院是希望培养我们不挑食的习惯，这真的是很难做到。值日生如果满足了我们，就会被老师批评，却会让我们很高兴。

吃饭真的是件很为难的事情，但是，回想起来，也挺好玩，小孩子就是挑食，小毛病挺多，大人呢，就是希望我们不挑食，立马就成圣成贤。

硬来，看样子确实不是个好办法，至少对我是不灵，不挑食实在是很难做到，我也实在培养不出对书院的饭菜的好感，所以，零食也断不掉。在书院，每天不光要背书，早晚还有大量的运动，该饿的时候是真饿，即便这样，也没能帮我改掉挑食的习惯，到了正经吃饭的时候，我还是吃不下。能藏零食的地方毕竟有限，我们班的学生又都是半个月才回一次家，很难一次带够一周的零食。不想吃的时候，正好是吃饭的点；想吃的时候，正好又不是吃饭的点。半夜饿了，找不到零食的时候，我们就想办法，和几个男生商量好，半夜去厨房偷馒头。厨房的门一般不会上锁，到了晚上也就只能剩下馒头和花卷，还是凉了有点儿硬的，谁都不会想到有人会去偷，少了几个也不会有人注意。

那时候有个年轻的小哥在后厨帮忙，大概也就20岁的样子。有一次偷馒头被他发现，他问我们为啥大半夜偷馒头，是不是白天的菜做少了吃不饱。我们赶紧说不是。然后跟他说了现在的菜我们不爱吃。小哥听了我们的抱怨之后说："哎，我也觉得挺奇怪的，但是没办法，食堂掌厨的老师也很无奈，众口难调。”

看来，仅仅从饮食的角度讲，所有的教育理念都难以真正落实，现实就是这么残酷。

后厨小哥还说：“我也就是打杂的，你们也真够不容易的，多拿几个馒头赶紧回去吧，别被别人发现了。”

这就把我们这帮“小贼”给放了，后来再去偷馒头的时候，我们发现馒头筐里多了一碗切好的咸菜，可把我们给感动坏了。这真是个奇怪的事情，很不可思议的事情，没道理的事情，我们这帮小屁孩儿，正经吃饭的时候，不觉得好吃，晚上偷偷地吃，就觉得很香、很好吃。冷馒头就咸菜，真的是很难忘的味道，真的很感谢那位小哥，不过没多久这个小哥就辞职了，据说是去了一个素食餐厅。后来我路过，还去了一趟那个素食餐厅，可惜也没再见到那个小哥。那时候的一碗咸菜，至今回想起来都有种人间美味的感觉。

没饿过肚子是真的不知道，人在饿的时候吃什么都是香的，就像吃遍满汉全席的慈禧太后流落人间的时候，饿个三天，吃一锅炖剩菜，都能给起名“珍珠翡翠白玉汤”。

经历过后你会发现，挫折与逆境同样值得感激，如果人生一直都是风平浪静的，那就意味着我们没有机会进步，而那些在挫折中成长的人，却懂得是挫折让自己更加强大了。

一次有计划的“革命行动”

每天下午的背书时间结束后到吃晚饭之前，我们有一个小时的“放风”时间，可以去村里的小广场自由活动一小时。那会儿流行滑旱冰，大家都会背一个双肩包，里面放着轮滑鞋和护具什么的，在自由活动的时候出去玩一会儿。有一天，几个玩得比较好的姑娘预谋，在活动时间搞点事情，于是拉拢了几个男生，密谋了一次违反书院规定的“革命计划”。

因为没地方花钱，家长基本也不会给我们什么零花钱，一般都是软磨硬泡地要一点儿，偷偷带到书院去。计划是这样的：当天，每个参与的人都要带着背包，但放着轮滑鞋的背包里只塞两件衣服，让背包看起来不是空的，然后大家把所有的钱都凑到一起，放在三个女生手里，由几个男生负责放哨，拿着钱的三个女生去小广场后面的小卖部买零食。一个女生躲到差不多路途中间的位置，放哨的男生只要发现风吹草动就发信号，举起一块挂着抹布的小树棍，这个女生就赶紧去通风报信。

等负责去小卖部的三个女生回来，大家再轮流到提前踩好点的草丛里，把买回来的零食塞到各自的背包里，再一个一个装作若无其事的样子回去。这样就算是任务完成。自由活动时间结束后，回到书院大概再过20分钟就该吃午饭了，这个时间大家一般都会在宿舍。20分钟的时间，足够我们把今天的战利品全部藏好了。当我们一帮小屁孩儿对自己的胜利沾沾自喜的时候，意想不到的灾难正在慢慢地向我们逼近。而当时的我们，只想着夜晚快些来临，好品尝我们的胜利果实。

我们宿舍有一个女生，对我们这种违反规定的行为表示非常不屑，所以也就没有人去叫她来参与我们的“革命”，但谁成想，她是老师的“卧底”。后来我们才知道，为了防止一个宿舍里的孩子拉帮结派，学校在大班的每一个宿舍里都安排了一个“卧底”，发现不良行为及时上报。于是晚饭结束之后，女生宿舍已经被老师们翻了个底朝天，男生宿舍那边也是一样，参与这次计划的人一个都没能逃掉。

我们班当时的班主任是个非常可爱可亲的大男孩，非常关照我们，对大家都很好，很有亲和力，在他的教导下，我们更愿意好好地听话，好好地背书，可是，他辞职了。新来的班主任显然经验不足，大家都不是很喜欢他，他很严厉，也不太懂得如何“收拾”我们这些小毛孩子。大家的日子就越来越不好过了。当然，这次他也没有放过这些在他眼皮子底下搞事情的孩子们。

所有的零食被堆在了教室的大桌子上，他还召集了书院所有的老师和学生，包括幼儿班四五岁的小孩子。他当着所有人的面，把一包薯片扔到地上踩成了渣子，并要求我们自己把剩下所有的零食都踩碎，再捡起来把教室扫干净，所有的饮料都倒进马桶里冲掉。没有一个人照做，大家非常默契地用幽怨的眼神盯着这个愤怒的老师。教室很尴尬、很安静。当然他没有就这么放过我们，而是掏出了一个炒菜的木头铲子，然后让我们排着队挨个走到他面前，每人打 20 个手板，加上其他老师的协助，我们只好认账。当第一个男生过去挨了第一下手板之后，响声吓得幼儿班的小孩子哇哇大哭，所有人都愣了，我不记得发生了什么，只记得懵懵地走过去，挨了手板，在打完第一下的时候整个手都没有了知觉，还没感觉到疼，眼泪已经下来了。

等打完手板，再让我们把零食扔掉、把饮料倒掉的时候，我们没有一个人再去反抗了，默默地亲手把我们觉得很珍贵的东西破坏掉、扔掉、冲进下水道。那个时候我在想，这个老师成功了，成功地制服了这群破坏规矩的熊孩子们，也从精神上磨灭了我们再次反抗的勇气。我确实是不想再这样干了，因为惩罚确实很严厉。

后来，我知道，书院之所以这么严厉地对待零食，是因为零食对人的健康不利，尤其是小卖部卖的那些廉价的零食。书院认为薯片对人体有害，不能吃，认为可口可乐也是一种非常有害的饮料，方便面更是垃圾食品。书院主张孩子要多吃主食，吃有机蔬菜。但是对于我们来说，确实很难抗拒那些垃圾食品带来的诱惑。

其实在低年级的孩子看来，我们这帮十来岁的哥哥姐姐是很让他们崇拜的，很想和我们一起玩但是又不敢。在这件事情发生之后，再也没有小孩子敢偷藏零食，或者跟老师顶嘴了，他们也不再觉得大哥哥大姐姐很帅气了，因为帅气的代价就是要挨揍。后来有人问我，为什么当初不告诉家里，只是叹叹气。唉！不是没说过，说了，家里人却是站在老师这边，也认为是我不想学习、不想学好的借口。

管教小孩子真的不是一件容易的事情，轻了没效果，重了也不妥，软的不行，硬的也不行，管着管着，大人们就没耐心了。书院又是一种全新的探索，到底应该怎么弄，好像也不是很清楚，越来越多的老师开始因种种原因辞职了。

在第一波老师辞职之后，后来的老师也不知道该如何管教这群熊孩子，一开始会和颜悦色地对我们，但后来也控制不住了，最后只能用体罚来解决问题。不听话就让我们做深蹲，男生 200 个，女生 100 个，不然不让睡觉。有一个小男孩，在晨跑的时候偷懒，被体育老师用带刺的树棍抽破了手，家长来学校理论，后来那个老师被开除，孩子也退学了。再后来我们这帮小伙伴们也陆陆续续地离开了书院，大多都是回家之后请了家教恶补，再去考初中，有的还出了国。辞职的老师中有人出去自己创建新的书院，也带走了一些学生。

当年那些一起偷馒头的小伙伴们如今都已各奔东西，差不多一两年才会小聚一次，像惯例一样，曾经在书院的经历，总是会成为我们饭后的谈资，百聊不腻。既有成长的乐趣，也有种种不爽，无论聊到哪一段，大家都会很兴奋，毕竟那是我们共同经历过的一段生命历程，而且和很多孩子都不一样。

当年几个关系比较好的同学现在都在国外，在书院的经历多少还是有些用处的吧，大家出国之后对周围的环境都适应得比较快。比较有趣的是，大家的性格还是跟小时候一样大大咧咧。从小就很有风度的男生更像绅士了，那个最喜欢说谎的小女孩，现在依然喜欢说瞎话。最遗憾的就是没能再联系上那个和我们关系最好的假小子了。

现在再回头看，觉得有过这样一段丰富多彩的经历也挺好的，我好歹也算是半个书香子弟了。回想那段整日与书卷为伴的日子，我们背过四书五经，每天接受高强度的严格训练，也挺不容易的。

看来，我真的不是一个好的读书人，2008 年的暑假，我终于忍不住爆发，实在不想再在书院读书了。我就回家义正辞严地告诉我爸：“老爸，你要是再送我回去，我就离家出走！”他不信，我就真的离家出走了。我抱着全是钢镚儿的存钱罐，跑到家后面的空地躲着，竟然从下午一直躲到天黑，真是佩服我自己的毅力。他可能是觉得，姑娘长大了，管不住了。于是我成功了。

小的时候学点中国的传统文化是好的，儒家注重人品和孝道，甚至有专门的典籍《孝经》来指点后人。但如果一直待在与世隔绝的书院里，等出来的时候，我想也很难再融入社会了。毕竟不是所有人都能成为国学大师，当年将四书五经倒背如流的我们，现在能记得的，也只剩下“大学之道，在明明德”这一句开头了。

从前有座山，山里有座庙

在我去书院上学的第二年，家里就从北京的东南边搬到了西北边，从楼房换成了农家小院，离书院很近。我离开书院之后，又开始了一段在家学习的新生活。这次和之前不同，再次搬家老爸选择租个小院子，大概也是想要远离喧闹的城市，感受一下返璞归真的乐趣。现在的北京，村村都用电取暖了，以前冬天是要烧煤取暖的，快到冬天的时候，老爸会带着我上山捡柴火，就是溜达溜达，捡一些比较粗的树枝带回去。有一次发现路边有半截掉下来的大树杈，我俩就合力把立起来比我还高的大树杈子拖回去了。

说来住院子还是没有楼房方便，冬天的时候洗澡会有点儿冷，上厕所还要穿过院子，锅炉里烧的煤也不能灭，如果灭了再重新点着会很麻烦。不过对于一个小孩子来说，拥有一个大院子的乐趣足以使她完全忽略那些小小的不便利。

村里的公交车站附近每天早上会有一个大爷来卖牛奶，那时候附近有个奶牛场，早上七八点的时候大爷会推着板车，车上放着很多袋新鲜牛奶，小袋的8毛钱，大袋的1块4毛钱。我早上起来第一件事就是跑出去找大爷买上一大袋牛奶，回家拿小锅煮开，放点儿糖，稍微晾凉一点儿表面就会出现一层厚厚的奶皮，又香又浓，那是我长这么大以来喝过最好喝的牛奶。还有拉着板车卖豆腐的阿姨，自家做的豆腐又嫩又干净。拐个弯过去，路边小车卖的麻辣烫也超级好吃。大饼铺子的豆沙包，熟食店的小凉菜，对那时的我来说都是超好吃的东西。后来慢慢地，那边的村子发展起来了，就再也没见过这些好吃的小摊了。

我们住的那个村的附近有个大学，有两个大学生在村里开了一家书店，离我家很近，走几步就到，无聊的时候我就会去找找有没有好玩的书。有一次出版社给老爸寄来一箱书，是他以前写我小时候成长经历的书，家里没地方放，我就想着拿去卖掉，换点儿私房钱。我就拿着书去了书店，跟人家一通扯，反正书没有成本，就答应人家卖掉的钱一人一半，他们竟然同意了。真是遇到好心人了，最后还真的卖掉了几本。我开心地把卖书的钱拿回去放进我的存钱罐，那应该是我人生中挣到的第一桶金。但是后来那个书店关门了。那时候没有手机，我也没再见过那两个帮我挣到第一桶金的大学生，也没机会感谢他们了，只能在心里默默祝福好人一生平安啦。

村后面的山上有一个景区，景区有南门、北门和正门，我们一开始并不知道。有一天老爸带我去爬山，从离家比较近的南门进去，一直往上爬，爬了很久看到了路边的指示牌，说前面有座庙，这一下子就激发了老爸的兴趣。他带着我继续往前走，我都快累死了，但看他干劲十足的样子，还是跟着他一起往前走。从景区的山上下来，真的看到有座庙，当时还在办什么活动，老爸兴致勃勃地带着我在庙里转了一圈，了解了一下这个庙的情况我们就回家了。后来我们才发现原来从景区正门上来就是这个庙，开车上去只要 5 分钟。从那时起，我们和这个小寺庙的缘分就开始了。那个当时还只有几间小破房的小庙，叫龙泉寺。

有时候觉得有些事情真的就是命里注定的，从我们搬到那个村子开始，一直到现在都和那片北京西北方的大山有着剪不断的缘分。老爸当时还在写剧本，有一段时间到处跑来跑去忙着拍纪录片，也不再经常带我去爬山，当然我自己也不会去，想想当时如果没去爬山，或者爬到一半就原路返回，又或者我们没有搬到山脚下的村而是搬到另一个村，是不是就不会发生后来那些事了呢？再往回想也没什么用了，想来都是缘分，生命中很多事情，有时候就像是上天安排好的，百转千回，依然还会相遇。

庙里有个小姑娘和一个老男人

自从发现了龙泉寺，老爸也找到了新的教育方法，那就是带着我去参加寺庙里的课程。每天凌晨3点半天还没亮我们就起床，开车去寺里上早课，5点下课后从山上下来，在早点摊儿吃过早饭再回家睡个回笼觉，上午起来背背经书，下午他去处理工作，我就自己玩。当时家里也没装电视，我就只能去家门口的土地上挖泥巴玩，有时候也会去村里逛一逛，买点儿好吃的。下午4点多的时候他再带着我去寺里上晚课，也是念经，和寺里的出家人、居士们一起。当时寺里正在修庙，有很多大砖头要从下面的停车场搬到上面去，白天不忙的时候老爸会带着我去寺里帮忙搬砖，挺大的砖头，就两个人一起抬着慢慢往上走。这样持续了一段时间，寺里早晚课上要念的经文我基本上也都背下来了，力气也变大了，爬山的时候体力也变好了。不过我还是不太喜欢那时的生活，尤其是冬天，天不亮就要离开温暖的被窝真是太残忍了。

寺里有个仁爱基金会，后来老爸去基金会当了义工，就经常让我参加一些慈善活动，大多数都是在寺里。很多人把从全国各地的志愿者那里寄来的衣物、文具、书包等进行整理，再根据一些贫困山区提供的名单进行分拣，名单上清楚地写着一家有几户人，孩子的身高、年龄，把衣物和用品分拣好后装成一包一包的，等着一起送到山区的孩子们家里。有一次老爸给基金会拍纪录片，带我一起去了内蒙古赤峰的一个小山村。那时的场景对我的触动真的很大，至今回想起来都还历历在目。

那里的村子很破败，都在大山里，越往山里走，越触目惊心。有的房子摇摇欲坠，村民们靠种地生活，又遭遇旱灾，收入很低，有的家里有病人，壮劳力外出打工，留下老人和孩子。

几乎每个村子都有痴呆的人，衣物发放是在当地的一个小学校的操场上，大家都很积极、很配合，各种救济物资摆满操场，各村开来机动三轮车拉走。基金会的义工们发现了一个因身体有病而辍学的小女孩，带她去医院诊断过后，发现是一种难以治愈的病。于是，发放慈善物资时大家做了一个活动，义工们给现场围观的每一个村民发了一枚一元钱硬币，鼓励大家再捐出来。

大概发了几百枚吧。但是，捐出来的时候，竟然高达上万元，这些钱里有村民的，有乡镇领导的，有现场维持秩序的警察的，有志愿者的。我和另外一个小朋友抱着募捐箱，每收到一份捐款，就给人家鞠躬。

据一位村民介绍，他的老婆一直都非常抠门，但这一次，在收到一元硬币之后，竟然特意回家取了 50 元钱，连这一块钱一起捐了出来。

我应该是到了叛逆期，越来越不想听从大人的安排。老爸在寺里当了一段时间的义工之后，就把在村里租的房子退掉，跑到寺里常住了，当然他还是要带着我一起。寺里男女是分开住的，也有很多想要出家的义工住在寺里，我就和其他的义工一起住在宿舍里。每天早上 4 点起床上完早课吃早饭，之后再去后厨刷碗，上午读书，中午吃过饭后再去刷碗，下午读书或者去干活——就是扫地、打扫卫生、搬砖之类的体力活，5 点上晚课念经，晚上吃过饭后再去刷碗。睡前的时间都可以自由活动，寺庙虽然在景区里面，但是除了山也没有别的，只能到处溜达溜达，等天黑了回宿舍洗漱，9 点熄灯睡觉。这样的生活虽然很规律，但对于一个十来岁的小孩来说，也怪无聊的。

于是我开始提早进入了叛逆期，早上不起床，不去上课，也不去寺里的食堂吃饭，去村里的超市买了一箱泡面藏起来，天天吃泡面，每天就在山上到处溜达，晚上要到宿舍锁门之前才回去睡觉。寺里办法会的时候也会有很多家长带着孩子来参加，我认识了几个比我大一点儿的小伙伴。那时候我已经有了一个诺基亚的黑白屏手机，没事的时候和小伙伴发信息、打电话，或者玩玩手机里的贪吃蛇，反正很晚才睡觉。一开始有一个出家的法师带我学习，给我安排作业什么的，后来我就躲着他，看到他就跑，法师也很忙，没时间搭理我这个熊孩子，再到后来就没什么人管我了。寺里有规定，每个住在寺里的人都要遵守寺里的作息规定，有专门的人负责考勤，不起床、不去上课的会被记上名字，超过多少次就被迁单，也就是不让在寺里住了，这样做也是为了防止有人在寺里混日子。我是多希望能被迁单啊！但不知道为什么一直都没有人管我。那时候也不怎么能见到老爸，一个月大概只能见到一两次，后来才知道原来是他准备要出家了，按规定，想出家要先当“净人”，就是正式剃度前，先和出家的法师们一起过宗教生活，在当“净人”的过程中了解自己到底能不能接受出家之后那种艰苦的生活，之后才能正式剃度。而那时的老爸，就已经准备要当“净人”了。

叛逆期的熊孩子真是挺可怕的，再加上老爸从小培养了我独立自主的性格，那时候谁都管不了我。有一次我半夜去爬山，被巡山的法师发现了，带我下来的时候已经是凌晨了。继续让我待在寺里也是给别人添麻烦，而且我总是乱跑，万一哪天从山上掉下来可怎么办，可能是这么想的，老爸又给我找了一个私塾，在离北京很远的一个深山老林里，一个方圆 50 里不见人烟的地方。力不从心的老爸在了解了那个学校也是教孩子背书的地方之后，说时迟那时快，卷了我的铺盖卷把我和行李装上车，直奔那个大山深处。

山间“奇遇”

开车到了县城，还要进村，进了村，还要再坐上半个小时的“三蹦子”进山。私塾分两部分，食堂在半山腰，宿舍在山顶，都是一间一间的小土房，大概是 20 世纪 80 年代农村里的那种，里面有个土炕，大红砖、大黄泥巴盖的。学生们一人一间，一个老师带着背书。这下好了，背书还是跟原来一样，比原来还要惨的是，凡事都要“亲力亲为”。屋里有个大水缸，要自己拎着两个铁皮桶，到水泵那里抽水，拎回去，倒进缸里。4 桶水能倒满一缸，两天一次。这水不光是用来喝的，也是用来洗漱、洗衣服的。

在北方生活过的人应该知道，火炕是要自己烧的，往炕洞里面塞上煤，用玉米杆和树枝引火，等火烧起来了就把盖子盖上，炕上一夜都是暖的。山上电压低，不能用电，烧热水要用炕洞里的火。烧水的工具叫镩（cuān）子，是一个铁皮桶子，大概小腿那么粗，有一个直角，往里面灌上水，塞进炕洞里，在洞口垫两块砖，水开了再带上手套，把铁皮桶子拿出来，再把热水倒进暖壶里，一镩子可以灌两个暖壶。还要一直盯着铁皮筒子，听见有咕嘟的声音就马上拿出来，不然要是水开过头了就会冒出来烫到胳膊。有个小男孩就被冒出来的开水烫了，胳膊上起了一个很大的水泡，因为怕碰破了，只能在胳膊上裹着块布，兜着这个大水泡。

每个月村里都会有集市，很多人从别的村子或者小县城过来，买卖一些日用品。那一天，校长会带孩子们下山，到附近的村里，找一个小澡堂子洗澡——我们平时只能洗洗头，或者烧点儿热水擦擦身子——然后再带大家去集市上逛逛。然而我们唯一能买的，就是两块钱一斤的花生，偷偷带回去，馋了就嚼两颗。

因为食堂在半山腰，宿舍在山顶，每天我们都要走半个小时的山路下去吃饭，往往都是刚吃饱，爬上去回到宿舍就饿了。可能还是我太娇气了，比较挑食，觉得伙食不讲究，通常都是冬瓜、南瓜、窝瓜，就煮一煮，装一大盆让我们拿着碗自己过去盛，配上几个不知道是什么面做的馒头。在那里吃过最好的东西，就是自己宿舍门口的小菜地里种的小西红柿和别人家门口种的还没熟的小茄子。我们有时也会从食堂的厨房拿几个土豆和地瓜，扔进炕洞里焖一个晚上，第二天早上翻出来，扒了皮吃，那简直就是人间美味了。

冬天的时候比较艰难，据说最冷能达到零下20℃，山上的孩子们都会提前去村里定做棉裤，裤子厚到放在那里，就能立起来。好在我没有待到最冷的季节就走了，但还是赶上了初入冬季的时候，本来在山里日常洗漱就不方便，夏天用冷水洗头倒也还好，冬天就很麻烦，自己烧水是小事，洗完干不了是重点。因为电压太低也不能用吹风机，最后女孩子们就只能洗完头到门外站一会儿，等头发上的水都冻成冰，拿梳子梳一下就会掉下来很多冰碴子，这样反复几次头发也就干了。

那一年，我12岁。

那个时候真的很苦，但自己也不怎么觉得，现在算是长大了，发现生活、事业、情感上遇到一些挫折、压力、低谷，真的都不算什么。这算不算我进入私塾的最大收获呢？吃过苦的人在面对逆境时，抵抗力也会强很多。

那些非常恐怖的传说

说起来，那真是个很锻炼人的地方。私塾禁止使用通信设备，不过就算有手机，也是收不到信号的。

但更多的还是大家的想象，现实还是现实，大家都要面对自己的内心，都要对自己成长和处世的方法负责任，每个人都在探索，都不是圣人，更不是仙人。不断有孩子被送过来，原因就是，这里不会受到任何外界干扰，孩子们可以专心背书。

那几年，是传统文化复苏的起点，很多人都认为传统文化好，都希望能够用传统文化来教育好自己的孩子，但现在看来，很多人都不知道具体应该怎么办、怎么教，于是，就有了一个在当时看来比较有用的方法——背书。背经典，大量地背经典，小孩子就能开启智慧，就能成才，每个人都抱着这样一个朴素的想法去实践。

但现在看来，这个想法还有待商榷，有的孩子可以，有的孩子可能就不适合。我自己觉得，背经典确实让我的记忆力、理解力都有很大的提高，驾驭文字的能力也得到了锻炼。但是，我还是觉得不太适合我。或者说，这种教育方法在当时还不够成熟，或许这跟具体实施的人有关系。

我们的校长是一位农民，人非常善良，也有理想，希望能够把孩子们培养到成贤成圣，为此也付出了巨大的代价，几乎是倾尽家产在办教育，而且完全免费。他这么做真的是为了社会和大家，而不是为了他自己。

他相信“严师出高徒”，以及民间传说的“棍棒之下出孝子”，所以，在管不住孩子的时候就会使用暴力，就连那里的老师，有很多人都很害怕他。一方面他确实大公无私，另一方面大家都相信他的严厉是出于帮助别人的心，因此，很多人心甘情愿留在那里。

孩子们中间流传着很多传说，让我们很害怕，比如：有个修仙的老太太不想修仙了，想要下山，被校长揍了；还有，校长自己的孩子也因为不听话，被揍到屁滚尿流。

对于这些，我们确实很恐惧，所以背书的时候就乖了很多，轻易不敢淘气。我当时就很害怕，甚至想，如果自己真的被打死了，埋在山里也不会有人发现。校长在村里很有威望，大家都很敬重他，所以当时我觉得，一旦惹怒了他，再想出去是不太可能了。

这些暴力的事情在小孩子当中广为流传，各种恐怖的版本都有，有的还很邪门，说是校长以前把某些不听话、不好好背书的小孩子打成什么样了，打得多么惨，有效地“打击”了个别孩子不肯好好背书的气焰。

现在看来，这应该是大人们虚张声势编出来吓唬小孩子的吧。

人生中总会遇到质疑、误解、挣扎……但生活的未知又让我们必须成长，谁都不知道自己将要面对什么。重要的不是未来我们可以获得多少荣耀，而是无论现实如何改变，我们都能凭借自己的力量去面对整个世界。

一巴掌打碎的童年

人生真的是什么都会遇到，我以前从来没想过暴力会发生在自己身上。

以前我在北京书院的同学也有在这个山里的，是男孩子。我的性格比较像男孩子，在北京的书院和他们也很玩得来，所以到了这种深山老林里，几乎算得上是共患难的好朋友了，平时聊天就聊得比较多一些，我们觉得很正常，但是校长却觉得这不正常。

可能是对传统文化的理解有差异，很多人认为小孩子就应该纯洁得如天使一般，但我觉得没有那么简单，随着年龄的增长，我们的想法会越来越多，认知的差异也越来越大，简单粗暴的思维方式和手段对有的孩子可能行，但对我不灵。

校长觉得是我教坏了这些纯洁的孩子们，我们被扣上了“早恋”的帽子。可笑的是，那个男生在我的印象里黑得像煤球，而且 12 岁的孩子，又能恋出什么名堂。

大人们的思维方式和孩子们的思维方式真的差别非常大，大人们觉得这件事已经严重到不得了的地步。莫名其妙的是，有一天我正在屋里洗头发，校长突然冲进来给了我一耳光，我一下子就蒙在了原地。农民出身的大男人，用了全力的一巴掌，我怎么能挨得住。

校长集结了上山的所有学生和老师，把我拖到门口的小平台示众，还滴着水的凌乱的头发，红肿的半边脸，被扯坏的衣服，那时的我看起来应该就像个犯人吧。之后发生了什么我都不记得了，只记得心里想着："我要烧了你的山。"后来都不记得自己是怎么回的屋，回屋之后我还是一副蒙圈的状态，随后看见校长拎了根带刺的棍子走进来对我说："我今天要打你，你知道为什么吗？"我看着他说："你要有本事打，就打死我。"

愤怒在我的心里像烈火一样燃烧，委屈和悲伤彻底淹没了我。桌上有一把切水果的小刀，我心里想着："如果你敢用棒子打我，我就要跟你同归于尽。"校长气得脸都红了，眼珠子都要爆出来了，没有把那一棍子抡下去。他放下棍子，摔门出去了。等他走了之后，我在屋里委屈又害怕地哭了好久。也不知道我当时哪来的勇气，可能就是本能的自我保护——人在绝境的时候的正常反应。但如果当时我没有反抗，那一棍子下来，不死也残废了。现在回想起来，他就是想吓唬吓唬我，想把我吓唬住，然后好好住在山里，听话背书。但是，他没有想过用这样的方式对待一个小女孩是不是合适。其实，他也很不容易，他想用一记耳光和一根虚张声势的棍子解决掉感情这个人类内心深处的根本痛苦。

这个问题每一个学校都没办法解决，每一个时代也都没办法解决。

这个问题，人是搞不定的，而且，人在这个问题面前，所采取的方式其实挺可怜、挺可笑的。

在那一巴掌之后，一个小女孩的内心发生了巨大的变化，变得什么都不怕了，也对很多事情都无所谓了。学习的兴趣、生活的兴趣被彻底摧毁。

校长也想把我们这些熊孩子们都教好，可是，他也没有办法，他的方法对有的人有效，但对我算是失败了，至少我是这么认为的。

但是，这对我后来的人生也是有很大帮助的，因为我看到了自己内心的愤怒，竟然想到同归于尽，想想也觉得后怕，万一当时真的冲动了，后果肯定不堪设想。

还有，我觉得自己的性格确实太硬了、太拧了，太不像个女孩了，大了以后肯定要吃大苦头。那一巴掌也让我清醒了一些。只是，成长的过程，谁也没办法驾驭和把握，那个时候，批评、责骂乃至殴打，全都没有用处，只会换来更加叛逆的举动。

被打之后我不再去山下的食堂吃饭了，也不再背任何书，校长也再没来找过我，他可能觉得这样我就会成为一个乖乖听话背书的淑女，并像他期待的那样在那个大山里一天天地健康成长，最后成为一个圣女，他真的就是这样期待的。确实有几个女孩子真的很听话，每天默默背书，很乖巧，校长对很多人说，这些孩子长大以后会很了不起，会对社会做出很大的贡献。遗憾的是，我做不到。

我大概一周没有下去吃饭，有人开始给我把饭送上来。我当然不会什么都不吃把自己饿死，只是在深更半夜偷偷出去，把人家门口菜地里熟得差不多的菜偷几个。还好那时候有一个女孩子跟我关系比较好，虽然她不喜欢那个地方但是不敢反抗，在那件事情之后她依然和我关系不错，只是明面上没有再说过话。她会从食堂偷几个土豆带上来给我，我就靠着吃她偷来的土豆和从别人家菜地里偷来的菜活着。其实我当时也是想着："我就是不下去吃饭，有本事你们饿死我。"果然，一周之后就开始有人给我送饭了。

在后来的几个月里，每天除了挑水烧火，剩下的时间我都窝在屋里睡觉、看书。从北京过去的时候我只带了两本书，而那段时间我几乎把这两本书都翻烂了。一直到 2009 年 12 月，我在那个有着"伟大理想"但我却难以适应的山里已待了半年，校长终于觉得拿我没有办法，便放弃了。他对我说："要不然你回北京吧，我找人把你送到县城的火车站。”我说：“行。”

如果有人告诉你，世界是不公平的，你做何感想？我个人觉得，辩论世界是否公平没有任何意义，就算世界不公平，又能怎么样？“公平”从来都不是别人给的，我们要努力尝试把一颗“公平之心”装在自己胸膛，这也是我们尊重这个世界和自己的方式。

锅是铁打的

我收拾好行李，只装了一个行李箱，依稀记得还有许多东西没带走，记不起来到底忘记了什么东西，只是隐约有种感觉，儿时心爱的玩具和童心，都遗失在了那个深山老林里。

一早坐着三蹦子下山，送我的人把我送进县城的火车站就走了。我从县城坐汽车，再转火车，独自回北京。

我记得非常清楚，买的是一张站票。

那是一辆能开窗的绿皮火车，但因为车厢里挤满了人，我并没有觉得很冷。每路过一站，就会上来更多的人，我拽着沉重的箱子，在每节车厢里穿梭，哪个车厢空一点，就找个位置座一会儿，上车的人多了，再换个地方。就这样，下午上车，晚上 10 点多到达北京站。下车之后我的脸上都是灰，连鼻屎都是黑色的，在那个临近我 13 岁的冬天。

等我从大山里回来的时候，那个成天被我叫作“臭老刘”的老爸，已经离开凡尘俗世，剃了个光头，变成和尚了。

后来很多人听到这些事的时候都会问："为什么当时你爸要把你送到那种地方去？"其实一些具体情况他也不了解，在他准备出家之前，我在山里也没有办法联系到他，回来之后我也从没和他提过。那时候他已经剃度了，再拿已经过去的事情跟他抱怨，对好不容易下定决心斩断世俗出家的老爸来说，也不过是平添烦恼。如果不是这样写出来，也许他一辈子都不会知道这些事。

这些事情后来都被我逐渐淡忘，我也很少跟人谈起这段过去。当别人问起为什么不上学之类的话，我也不过是敷衍几句，听了太多他人怜悯的话，我也觉得厌烦了。以前总会有人说，这孩子真可怜，小小年纪就受这么多罪，但我觉得自己受的这点小罪并不算什么，人生就是要经历很多挫折，要经受很多磨炼，相对于之后的创业、生活，这些真的啥都不算。

一个人要想生活得好，就要有一颗坚强的心。看书、看电影的时候，我就觉得，跟那些经历过战争、自然灾害的孩子们相比，这些根本不算什么，很多所谓的苦，回想起来还是挺有趣的、挺幸福的。毕竟，我经历过，知道哪些是有价值的，哪些是无所谓的。

这段经历让我懂得了很多，成长的过程虽然不快乐，但总是会有收获的。不然，我一定会是一个很无知、很幼稚、很天真的人，当然，现在也挺无知、幼稚和天真，只是不会那么极端的幼稚了。至少我知道，锅是铁打的，生活是要吃苦的，成长是要付出代价的。

叁

当我看到什么是生活

直到我发现没有钱吃饭

从那座大山里跑出来之后，老爸已经在庙里开始了他的修行生活，头几年几乎是封闭的。因为之前退掉了家里租的小院子，也卖掉了天津的房子，在我回到北京之后，我发现我已经没有家了。那一刻我并没有觉得悲伤，而是感叹，终于没有人管我了，我终于自由了。

老爸出家之前把天津的公司留给了堂哥，我回到了天津，以给公司帮忙为由住在公司里，堂哥每个月给我发工资，其实就是零花钱，十几岁的小屁孩儿，这点钱也干不了啥。最初，一个月 200 块钱，公司有员工餐，后来是 400 块，再后来公司没人做饭了，就涨到了 800 块。想想堂哥也不容易，那时候公司不景气，招来的实习生一个月才 1000 块钱的工资，每个月给我 800 块，也不少了。而且，堂哥那时大学刚毕业没多久，经验也不多，爸爸忽然一走，他马上就要支撑这么一大摊子，家族里的关系、公司里的各种关系，他自己还有家庭，里里外外的，很辛苦，这样大概持续了三四年。

也不知道那时候的自己每天都在做什么，最初的两年里我都没有什么特殊的感觉，大概就是天天在公司上网、看电影、看动漫，有时玩玩游戏。2010 年的时候大家都还在用诺基亚手机，没有英雄联盟也没有王者荣耀，都是在电脑上玩游戏。我当时认识了一些网友，每天在 QQ 上不知道都聊些什么。堂哥有事也会叫上我，但是我也是有一搭没一搭地干着活儿。

说实话，那个时候我对钱没有什么概念，一个月 800 块钱就觉得很多了。一开始我并不会去规划这 800 块钱该怎么花，也没有想过要买什么东西，就是吃饭。直到有一天我出去买晚饭的时候，点了一个盖饭，一瓶可乐，结账的时候发现不够，差 2 块钱。我当时就慌了，不是觉得尴尬，而是一种恐慌的感觉，也觉得很丢人。还好饭店的老板和我比较熟，就给我免了这 2 块钱。之后我没有马上回去，而是走到平时散步的河边，脑袋里空空的，心里那种没着没落的感觉一直持续了很久。那是我第一次认识到钱的重要。

后来我开始规划怎么花钱。仔细算了算，800 块钱，光吃饭都不够。一个月 30 天，平均每天 26 块 6 毛钱，一天三顿饭，一顿饭 8 块 8 毛钱。虽说 2010 年的物价不是很高，如果能自己买菜做饭还比较能省钱，但是公司没有厨房，只能在外面买着吃。

公司楼下有个菜市场，里面什么都有，比如凉菜和熟食。

每次发了钱，我就先到菜市场去买两箱泡面、一箱牛奶，还有很多榨菜、火腿肠，差不多会花掉200块钱，基本上能吃半个月。当然，天天吃泡面会恶心的，我隔几天就会去菜市场溜达一圈儿，买点儿凉菜、酱鸭脖、小腊肠、豆包，差不多10块钱，算是给自己改善伙食。

那时候我过的是“美国时间”：白天大家上班，我睡觉；晚上我起来玩电脑。有时候看电视剧到天亮，就去后面的小区买早点。天津的早点出了名的好吃，后面小区的小摊儿，每天早上5点就在炸油条了。天津把油条叫“果子”，7毛钱一根，糖果子1块4毛钱一个——就是炸油饼，上面有红糖。豆浆5毛钱一袋，豆腐脑1块钱一碗。我会花六七块钱，买两个糖果子、两碗豆腐脑、一袋豆浆和两根油条。豆浆和油条早上吃，吃完了睡觉，剩下的糖果子和豆腐脑睡醒了还可以吃两顿。这样吃的话就会省很多钱。油炸的东西当然是刚出锅的好吃，不过那个时候并不在意食物的味道，只要每天能吃饱就可以了。

虽然这样算得很好，但有时候多买几瓶可乐，在临近月底的时候还是会没钱。最惨的一次，距离下个月初还有十多天，我兜里就只剩下50块了，每天吃泡面都不一定够，我就跑去菜市场买土豆。比鸡蛋小一点儿的新土豆6块钱一斤，一斤有十几个。我买了两斤土豆、一瓶酱油、一袋盐，还有一点儿2块钱一斤的散称咸菜。每天把土豆扔到微波炉里加热5分钟，熟了之后蘸盐或者酱油吃，有时候就着咸菜一起吃。这样熬了小半个月。

经历过这些，我也算是一个有故事的人了，所以，现在我最不怕的就是吃苦，没有什么大不了的。做事情，能做好就做好，做不好，也不会坏到哪里去。但当时经历的时候，真的感觉很无望。人在贫穷的时候，想法总是悲观的。

那段日子我就很悲观。一个人住在公司里，经常是今天吃完这顿饭，明天也不知道怎么办。关键是精神上看不到未来。

在我住的地方附近有很多学校，后面是中学，对面是小学，只要出门就一定会经过学校。有一天下午我饿了，泡面也都吃完了，就提早出门找吃的，刚好赶上小学放学，这个时间马路边上通常都会停满车，挤满开车接孩子的爸爸妈妈、骑自行车接孙子孙女的爷爷奶奶。孩子们背着书包从学校大门里走出来，很多家长早早地就站在校门口等着，生怕不能第一时间看到自己的孩子。

等到孩子们都背着书包走出学校，家长会马上接过他们的书包，牵着手往停车的位置走去。或许上车之后父母会因为孩子的考试成绩不好而大发脾气，又或许孩子会觉得爷爷奶奶太唠叨而不耐烦地敷衍，但这些都不重要，重要的是，那时看在我眼里的，只有属于一个家庭的温暖的画面。虽然我个人对家庭关系不是很在意，但是在那个穷到吃不起饭的日子里，想到本应该是每个人理所当然拥有的东西我却没有，心里也不是滋味。

我当时真的很悲观，总觉得自己是被抛弃的，尤其是在最穷的时候。有些人在外打拼，也可能会很穷，但如果真的混不下去了至少还可以回家，不至于被饿死。但对我来说已经没有家可回了，无论多苦都得一个人自己挨着。我也找不到自己的价值。现在才发现，那个时候还是自己太傻，本可以不用过得那么惨。一个人生活，主动向别人求助的话，大家都会帮我的，但那个时候除了要面子，更怕的是在说了之后被拒绝和别人帮你时那种被同情的感觉。

有的朋友会说，以前是堂哥没有照顾好我，其实不能这样说。那时候也不知道为啥，小屁孩儿还挺好面子，没钱了不愿意找人要，而且堂哥接手公司的时候也有很多困难，他自己年纪又不大，还是个老爷们儿，对照顾孩子当然没什么概念，更何况是叛逆期的小姑娘。我还常常跟他耍小脾气，他气得上蹿下跳，却拿我一点儿办法也没有。现在回想起来，真的是挺不应该的。但那个时候，我心里的那点儿叛逆和不甘心，也没地方发泄，只好都发泄到他身上了。如果生活能够重来一次，我想我是不会这么做的。堂哥已经为我做了很多，只是我当时还小，不懂得，在他的那个年纪、以他的条件，做到这样已经是极限了。公司也忙，每天水深火热的，堂哥偶尔也跟我讲一些道理，但我完全听不懂，也不想听，他那个时候能做的，就只有每个月按时给我零花钱。

现在想想，小孩子还是不能太倔强，过来人的话还是要听，有的苦头是完全不必吃的。

那时候我体会到的不仅仅是饥饿，更多的是孤独，在出去吃饭钱不够的时候，才隐约懂得什么是生存。

我大概就是在那个时候才意识到，长大也不是一件很好的事情。现实，或者说，真实的生活，原来是这样的。

我也不知道，小小年纪的我从哪里学来的要面子。在离开家庭独自生活的那段时间里，很多时候都会因为“别人都有，我却没有”的事物感到失落，也会因为好面子而不愿坦率地提起自己的失落，只是不想让别人可怜我，不想接受他人的同情和施舍。后来我才发现，在面临生存的时刻，什么面子不面子的，都不重要，内心强大的人根本不会从别人的认同中寻找自信，反而拥有足够勇气展示自己的缺点和优势。如果别人善意的帮助能让自己的生活变得好过一些，那不妨先接受，等到自己有了能力之后，再去报答别人赠与的同情和善意。

年轻的小业务员

虽然很辛苦，但是在公司生活的那几年我也学到了不少东西，比如怎样去和比自己年龄大的人相处，怎样说话才不会让人家觉得很幼稚，又或者不让别人认为自己是个熊孩子。

12 岁的我并没有什么人际关系，刚刚回到天津也没有朋友，身边几乎都是成年人，公司的同事大概都有二十四五岁。堂哥也会经常带我出去见客户，我坐在一边听他们谈工作，多少能学点儿什么。我的早熟大概也跟环境有关系吧，在比较容易受到外界影响的年纪，扎进了成年人的生活圈子，就算听不懂他们在说什么，也要努力学着听得懂，才不至于连平时的日常谈话都做不到。不然，一个 12 岁的小姑娘跟已经在社会上摸爬滚打多年的大人们能聊些什么呢？胡乱炫耀自己那点浅薄的见识，只会让人觉得幼稚和无聊。

那时候我经常会帮堂哥干些跑腿的活儿，挣点儿外快，有时去印刷厂取印好的宣传册，有时去给客户送文件。有一次的跑腿工作比较特别，我被派去要账了。公司给一个客户做了一个设计的活儿，我要去客户那里把设计费拿回来，一共 2 万块。那时候还没有网络支付，大多还是用现金或者支票。客户的公司在开发区，从市区过去要坐 2 小时的车，到了开发区再从车站打车过去，事成之后，我能得到 100 块钱跑腿费。那时的我对 2 万块钱并没有太多概念，心里想的都是，出去溜达一圈儿就能挣 100 块钱，多轻松啊。对于当时的我来说，100 块钱可是一周的伙食费，而且每顿饭都能吃两素一荤的盒饭。

我一大早就出了门，坐车到开发区，再打车去客户的公司。到了之后我说明了自己的来意，客户让我等一下，过了一会儿拿来两摞整捆的钞票，对我说："这是 2 万块钱，你数一数。"我说："不用数啦，谢谢您。"然后就走了。客户是个大叔，临走的时候还嘱咐我把钱放好，注意安全。我打车去车站，坐车回市区，到了公司把两捆钞票交给表哥，领到了我的 100 块钱跑腿费，加上报销来回打车、坐车的钱，一共拿到 150 块钱。我很开心。

那时的我并不知道为什么我做到这么简单的事情其他人会那么惊讶，也许是因为公司要了那么久都没要回来的账，一个小屁孩儿去了就拿回来了，又或者是没有想到客户会真的把上万的钞票给一个小屁孩儿。

多年后再提起这件事情的时候，我才知道，当时这笔钱也让别人去要过，到了客户那里，大概是说话做事让客户不开心也不信任，就没给。让我去要，是堂哥特意安排的，就是为了让我见世面，让我学习在和别人打交道的时候不卑不亢。要有勇气尝试去做那些自认为做不到的事情，也要有勇气接受可能遇到的失败和挫折。现在看来，真的很感谢那位“勇敢”的客户，竟然敢把那么多现金放心地交给一个小姑娘。后来公司有人问我，有没有想过如果当时客户不给钱，我该怎么办。我说没想过，要是不给，就给堂哥打个电话告诉他，人家不给钱，然后就回去呗。

我们总觉得有些事情自己做不到，我们不断说服自己去尝试，却又总是徘徊和犹豫。不知不觉间，我们也失去了很多可以尝试的机会。鼓起勇气去尝试做那些自认为做不到的事情，只不过是做好准备去接受可能遇到的失败和挫折。

能挣到钱就好了

2013年的夏天，我开始知道打扮自己了，对生活的要求不再只是有饭吃，我也想把自己打扮得美美的，和朋友出去的时候有面子。不知道从哪里学来的，我开始明白想要活得有尊严，就得有钱。等到后来我才知道，面子也好，尊严也罢，和钱其实没有多大关系，但对于那时的我来说，有钱才能改变生活。

那年我花了50块钱，办了一张假的身份证，去商场里的一家咖啡厅面试。店长是个25岁的小伙子，简单聊了几句，我就被录取了。原因是店里新进了一批咖啡豆，因为太难喝，没有人再点第二次，所以需要一个比较会说话的小姑娘来推销这款不受欢迎的产品。时薪12块钱。

大概不到半个月，谎报年龄的事情就败露了。在商场里上班，除了身份证，还需要提交健康证等其他证件，当店长找我要其他资料说需要办这些证件的时候，我自然就隐瞒不住了。店长没多说什么，给我结了10天的工钱，请我喝了杯卖不出去的咖啡，语重心长地说：“像你这个年纪，应该好好上学。等你成年了再来吧，如果这家店没关门，我又还是店长，就再雇用你。”我喝完那杯难喝的咖啡，谢过店长，就走了。那是我第一次自己挣到了960块钱。对于那时候一个月只有800块钱生活费的我来说，是很大一笔钱。后来我再去那家商场，原来的咖啡厅已经变成了一家饰品店。

后来一个朋友介绍我去发传单。那是一个正在上高中的小姑娘，周末兼职发卖房子的传单，叫我一起去，工资按发出去多少张传单结算。一开始我觉得面子上挂不住，但又实在没办法，15岁的年纪打什么工都不会有人敢用，只好和她一起去了。发出去厚厚的一沓传单就能得到60块钱。我问朋友：“要是随便逛逛，把传单扔了不也能拿到钱？”朋友说，发传单只能在固定的区域发，会有负责结账的领班看着，发出去多少人家都能看得到。仔细想想倒也是。

那是一个周六的下午，在人流量大的商圈附近，我戴个帽子，抱着一摞传单站在路边。一开始我不好意思说话，看到有人走过来，就低着头把单子递过去。一个小时过去了，我只发出去一两张，更多的是被拒绝。朋友说，你这样发不行，你得跟人家笑着介绍一下。我说好吧，豁出去了。但当我抬起头，笑着向对面的路人递过传单的时候，他们的表情更多的是厌恶、不耐烦，或者嘲笑地摆摆手表示不需要，只有极少数的人会接过传单，但会直接扔进就近的垃圾桶。而我会下意识地对接过传单的人说“谢谢”。那天我挣到了 60 块钱，但第二天朋友再打来电话问我还要不要去的时候，我说不去了。回去之后，我委屈了很久，也许是觉得自尊受到打击，也许是因为一下午被人拒绝了太多次，说不清楚为什么会觉得委屈。小时候我向陌生人问路的时候，说话也很顺畅，但就是很清楚地记得当时那种委屈的感觉。后来，遇到发传单的人我都会接着，说一句谢谢，要扔也会等到走远一点，在人家看不到的地方扔掉。如果不是迫于生存，我想大概谁都不愿意去做这种每天要被人拒绝 100 次的工作吧！

那几年我为了挣钱真的是绞尽脑汁，但始终想不到一个未成年人到底能做些什么才能挣到钱，可能是眼界太窄，知识不够，交际圈子也小，能想到的挣钱方法也仅仅只有打打零工而已了。

这些经历在几年后，感觉还是非常有用的，因为有了被拒绝的经历，再被人拒绝的时候，心里就没有那种委屈得要死的感觉了，多少还是能扛过去，慢慢也就习惯了。唉，长大的感觉，确实不好玩，但也比较有挑战。

在生存与尊严面前，你会如何选择？有人说，与其没有尊严地活着不如干脆死去，也有人认为，没有生命何来尊严。不管你心中的答案是什么，我只想说，就像生命会受到疾病、灾难、痛苦等的折磨一样，尊严不可能一辈子不被侵犯，何不像对待疾病、灾难、痛苦等一样来对待有时小小的尊严受辱呢？有时候放下并不是放弃，不是失去，只是为了在未来能够更好地捡起。这未尝不是一种处世方法。

一个人的孤独

一个人生活最可怕的问题不是穷，而是孤独，比孤独更可怕的，是又穷又孤独。当我认识到“孤独”的真正含义时，也经历了人生中最难熬的那段时光。小时候老爸和我说，你可以把孤独当作快乐。当我经历了真正的孤独时，又怎么能把让人如此难过的孤独当作快乐呢?

长大后我发现，当初所谓的孤独，其实正是对内心的一种历练。未来有很多事情，都需要人耐得住寂寞、忍得了孤独，当能够坦然接受这些让人痛苦的事情时，才算是真的长大了。

但那个过程，真的不好受。

那时候我不是很会交际，也没有什么朋友，每天一个人待在屋子里，很少跟人说话，在网上也很少聊天。比起无聊，恐怕用“空虚”来形容会更贴切。每天除了吃喝睡，就是上网，我没有玩游戏的脑子，就天天看电影、看动漫。当大脑被那些编出来的剧情占满，就会把自己当作悲剧的主角。家里人听说我每天都待在屋里不出门，担心我会得自闭症，还叫了心理医生来，结果我被诊断出患上了抑郁症。但其实现在看来，我就是太闲了，沉浸在自己那个无知的小世界里胡乱地烦恼而已。

有时我花 1 块钱，随便坐上一辆公交车，也不管它开到哪儿，只是找个靠窗的位置坐着，看着这个城市里熟悉得不能再熟悉的风景，一直坐到终点站，再坐反向的公交车回去。不知道脑子里在想些什么，也不知道为什么要这样做，也许是待在屋里久了，闷了、烦了，想出去散散心又没地方可去吧！穷没关系，往返 2 块钱的公交车费，也能带你来一段城市中的旅行。

有时我半夜出门买宵夜，忘了带钥匙，手机也忘带了，晚上公司里又只有我自己，没带手机也没办法打电话，要等到第二天早上才有人开门。多经历几次，就觉得这是一件很平常的事情了。如果现在遇到这种事，我可能会去朋友家住，可能会找个网吧上上网，再不行就回公司凑合一宿。但那个时候我无处可去，连去网吧通宵的钱都没有，只能一个人在外面溜达，在大街上溜达，最后在河边的长椅上坐着，一直待到天亮。好在那时是夏天，没有冻感冒，倒是被蚊子叮了一身的包。

闲得久了，也想过找点兴趣爱好，也想有个酷炫的一技之长。我总是喜欢帅帅的、酷酷的东西，于是剪了一头像男生一样的短发，穿着宽松的衣服，戴着帽子和眼镜，觉得这样走在街上很拉风，也有人说像个小太妹。我用存了很久的钱买了一把破吉他，背着它走在路上也感觉自己很帅。后来因为学不会，一气之下砸碎了那把吉他。我还学过跳舞，到处找舞蹈教室蹭免费的体验课，后来也因为没钱继续学就不了了之了。在那个年纪我好像有发泄不完的精力，什么事情都想尝试去做，希望能在某一个点得到别人的认可。

自认为文笔还不错，就去写歌，学人家玩说唱，找了伴奏录了歌，兴致勃勃地发到网上去，结果无人问津。我不停地刷新网页，一整天也仅仅涨了一两次播放量。后来我又翻唱了一些流行歌曲，也是一样的结果。没有人听也没有人看，更没有人肯在下面写上评论。那时候我就在想，哪怕是说这个作品很烂的留言也无所谓，至少还有让人评价的价值。可能是觉得自己没天赋，也可能是看不到前景吧，最后都放弃了。现在想来这些真的不适合自己，但也许当初坚持学吉他、坚持写歌，现在也能当个小歌手，不过这世上没有那么多如果。

一个人的孤独，就是无论有什么想法，想做什么事情，无论成功还是失败，都没有人可以分享，也没有人会提出建议，更没有人能倾诉烦恼。那个时候的失败伴随着孤独，比单纯的没有做好一件事情时难过的感觉更甚一些。

人在没事做的时候就会胡思乱想，而且在那个中二的年纪，更多的是往坏的地方想，既阴暗又悲观，找不到自己的价值，也没有存在感，在尝试过自己想做的事情却以失败告终后，对未来更是茫然，觉得自己一事无成，甚至觉得没有未来，觉得自己不被理解，也没有人懂自己。现在想来也是可笑，翻看那些中二时期写下的东西，连自己都看不懂到底写了些什么。竟然还写成歌发到网上，尴尬症都要犯了。但孤独的感觉是真实存在过的，也许那些自己都看不懂的文章、胡乱拼凑的歌词，在多年前写下的时刻，也是真实地表达了我的感受的。

负面情绪多数来源于没有安全感，并不是因为家庭变故，而是在应该天真烂漫的年纪不得不去面对生活的压力，但这都是我自己的选择。我也可以听老爸的，继续留在寺里，每天读书、上课、干活，既不愁吃喝，也不需要去考虑钱。只不过对一个青春叛逆期的少女来说，那样的生活比较无趣，她想追求更加刺激有趣的生活。人就是这样，越是不了解的事物，越好奇、越想去尝试，然而在对这个社会一无所知的年纪，也同样对这个社会充满好奇的憧憬。等到真的接触到社会的时候，才发现自己的无力与弱小，生活中遇到的很多事都是那个年纪很难承受的。具体来说，就是遇到问题的时候不知道怎么解决，对于未知事物怀有恐惧。人的承受能力是需要历练的，经历的事情越多，承受力越强，然而一个人的经历也是和岁数有关系的，再早熟的人，也很难在 10 岁的时候拥有 20 岁的经历。人都是在痛苦中成长、在困境中成熟的，但这也是阶段性的。

离开书院后的第一个春节，公司放假，大家都回去过年了，我一个人在公司，大年三十晚上去堂哥家吃了年夜饭，然后就回公司了。不知道为什么，过年的时候我总是容易生病，这基本成了惯例，直到现在一到过年多多少少都会生个小病。我对那一年印象最深，一个人躺在屋里发着烧，身边没有人关心，也没有人照顾，因为我谁都没告诉，就一个人扛着。我一个人躺着睡觉，睡醒了出门买退烧药。附近的药店因为过年也关门了，周围的小饭店在过年的时候也关门了，一直到大年初三才开门营业。好在菜市场里还有几个小摊没关，我没买到药，就买了点儿水果、泡面，回去吃了继续睡。

人在生病的时候精神总是很脆弱。过年期间楼下有售卖烟花的小摊，我花 2 块钱买了一盒冷烟花，一个人发着烧，裹了棉袄在阳台上放完了那一小盒烟花。深夜里烟火的光芒格外明显，我看着一根根烟花从点燃到熄灭，心里的难过像泄洪的水一涌而上。一个人站在高层的阳台看着城市的灯火辉煌，再回头看看身后空旷的办公室，第一次感受到孤独不只是很可怕，更让人难过。

从那之后，每年的春节我都不怎么喜欢。虽然平时没有那么明显，但每到合家团圆的时候，我都会感觉自己一个人格外孤独。后来爸妈的朋友知道我回了天津，经常叫我去他们家里吃饭，过年的时候也会做一桌子我爱吃的菜，让我在家里住几天。堂哥也会叫我去他家吃饭，或者跟他一起回老家看奶奶。

可能是一个人生活久了，我对家庭没有什么概念，慢慢地，在过年的时候我也不太愿意去别人家蹭饭了。虽然谁都没有把谁当外人，但那几年看到别人家和谐温馨的样子，我的心里总是怪怪的。最后还是觉得，春节就一个人过吧。

后来我经历的事情越来越多，懂得的事情也越来越多，开始挣钱之后兜里有钱了，过年也可以出去转一转、玩一玩了，也不至于把自己搞得那么凄凉，一个人过年。但每年春节我都会买几盒冷烟花放一放，一开始是追求一种仪式感，到后来就成了一种惯例。只不过那种烟花也从 2 块钱一盒涨到了 5 块钱一盒，后来甚至不好买了。如果真的要说这样做有什么意义的话，那就是我希望新的一年里，我的生活能像燃放的烟花一样灿烂，而孤独就随着烟火一起燃尽吧！

我们总以为自己离不开陪伴，但任何人都不可能陪我们走完这一生，所以适应孤独就成为每个人的必经之路。

全校最小的学生

因为闲了太久，我整个人都不好了。我平时喜欢看动漫，以前也有过学日语的念头，但也都只是想想。没想到一个机缘巧合让我真的有机会去正规的语言学校上课。老爸的一个朋友来公司办事，见到我之后聊了聊，帮忙介绍了一个日语学校。那是一所类似语言班的学校，不限学历，想学就可以去，像雅思班、托福班一样。

我很开心地去报了名，交了钱，领了教材，下午就开始上课了。但在这类学习班里，同学都是大学生、高中生，都是准备出国留学或工作才来这里学习，然后去考语言资格证的。我是全校最小的学生。

学日语并不难，在学习上我可能比其他人都学得快一点儿，但是在日常交流中，就能很明显地感受到不足。我和他们不在一个朋友圈子里，聊天的话题也不在一条线上，很难融入进去。后来我发现，每天中午和他们一起吃饭可以促进关系、加深友谊。于是在中午吃饭的时候，我就主动搭话，问大家都去吃什么，然后一本正经地说："我也想吃那个，一起去吧。"这样一来，我慢慢地就跟班里的同学搞好关系了。周末的时候也会一起逛街，这是我第一次在除了网络之外的真实生活中交到朋友。我的性格并不内向，虽然在不知道如何跟陌生人打交道之前有些慌乱，但也敢去跟人凑热闹。

后来我发现，每天上完课和大家一起吃饭会让我每个月的预算超支，平均每顿午饭 30 块钱，800 块很快就没了。所以在钱不够的时候我会逃课，或者为了省钱不吃晚饭，再或者中午跟同学说不吃了。那时我又一次认识到钱的重要，也明白了为什么当初上小学的时候，一个家里很穷的孩子不敢和同学一起玩，下课了只是默默地在座位上低着头。这种感觉，叫作自卑。自卑会让人封闭自己，这也是为了保护自己。在自卑这一点上，我觉得自己还算好，虽然穷，但童年的经历让我觉得自己并不是很差，只是还涉世尚浅。

眼界和见识与周围的环境有很大的关系。我很庆幸当时去上这个日语学校，里面的老师都是日本人，所以我口语学得很好。日本老师会经常组织文化课，讲一些关于日本的文化，有一次直接抱了两个电饭锅来，在课桌上教大家做起了寿司。

这样每天上课的日子持续了大半年，到了年底考试的时候，我考过了日语二级证。据说我是学校里考到证的年纪最小的学生，我还自豪了很久。带我们班的外教老师给大家办了庆功会，听到身边的人在为我庆祝的时候，我第一次感觉到，原来被关注的感觉真的挺不错的。

回到公司之后，堂哥问我考得怎么样，我没说话。他觉得我经常翘课，肯定考不过。我看了他几秒之后说："考过啦，给你看这个证。"堂哥愣了一下，然后一副"这孩子终于有点儿出息了"的样子，高兴地说："走走走，晚上带你吃好吃的去。"在这之后，我周围的生活圈子好像被打开了一样，我认识的人变多了，有了很多乐趣，与人打交道也越来越熟练，在公司也能经常跟同事闲聊点儿事情，我跟堂哥的关系也变好了，也会"不要脸"地跟他哭哭穷，要点零花钱了。

当生活开始发生变化的时候，我才发现，其实这个世界就在那里，就是它原本的样子，人们眼里看到的世界或好或坏，都取决于自己的内心。因为自己的内心改变了，变得开阔了，也就感觉周围的环境变好了。与人相处的方式有很多种，我们需要在相处的过程中学习方法。我很庆幸自己的情商不是很低，学起来并不觉得困难。把自己关在房间里，只会让自己越来越难过，对于未知的恐惧会让自己开始排斥周围的人、事、物，越悲观，就越孤独。不只是要走出自己的小房间，也要把自己害怕受伤的心打开。世界就是这样，既然无处可躲，那就接受，也许会受到伤害，但苦中作乐也是人的基本生存技能。然后你会发现，这个世界并没有自己想的那么差。

年少轻狂的时代总会过去

我的社交圈子慢慢大了起来，朋友多了，乐趣就多了。对于一个整日无所事事、靠着一台电脑消磨时光的人来说，可以和朋友一起出去玩是好事。那时候我经常和几个关系比较好的朋友出去玩，我和他们最开始是在网上认识的，在一次聚会上发现比较聊得来，后来就经常几个人一起聚，他们虽然大我几岁，勉强也能算是同龄人。聚会无非就是吃饭、唱歌、打台球，或者一起去网吧打游戏，那段时间朋友刚好放暑假，于是每天都出去玩。我感觉生活丰富了很多，也很充实，也不会想关于人生理想那么深刻的问题，只想着玩，对那些没接触过的事情，就想玩个够。那时候我第一次意识到，人是群居动物。

后来开始去酒吧，我就学会了喝酒。可能是天生的好酒量，我没在外面喝醉过，每次都是跟比较熟悉的朋友一起去，也没在外面吃过亏。但让我印象最深的，是第一次喝醉。朋友聚会第一次相约去夜店，那躁动的音乐让人兴奋。想象一下，一个没怎么见过世面的小姑娘，还不懂得花天酒地是什么意思，当然是屁颠屁颠地进去，假装自己对这种场面见怪不怪，然后嘚瑟地跟朋友们开喝，开玩。

后来才知道那家酒吧卖的酒是出了名的假，不知天高地厚的我那天晚上喝了整整一瓶假洋酒，当时还觉得自己没醉。朋友说，天亮散场的时候，我从里面晃晃悠悠地就走出来了，然后就扶着电线杆开始吐，坐到车里还在吐，吐了人家一车。两个朋友不知道我住哪儿，就只能在车里坐着，等我酒醒送我回去。那是我第一次知道自己的酒量，也得出了两个结论：不要喝假酒，不要去自己不熟悉的地方喝酒。现在想想还是挺后怕的，还好当时有朋友在，不然第二天早上醒来的时候自己在哪儿都不知道。在这个充满诱惑的世界，很多人都会去酒吧、夜店这种地方，对我来说可能过早了，没有吃亏真是幸运，遇到的朋友不是坏人也是幸运，但就我个人来说，这并不是件坏事，也算是早一点儿长见识了。之后有一段时间我还经常去酒吧，不过再也没让自己喝醉过。

多年前，天津的酒吧其实还是比较乱的，在那里能看到很多社会上负面的东西，有人吸毒，有人贩毒，有人下药，这些我都见过。最庆幸的是，我有一个朋友常年混迹夜店，但人很好，单纯是为了去玩。每次聚会都是他组织，他还告诉我很多经验，比如不要喝别人杯子里的酒，不要抽别人给的烟，别人给的一切入口的东西都不要接，遇到口齿不清的人要离远点等，这些经验让我这样一个初来乍到的小姑娘没有上当受骗走上歪路，真是万幸。

人生在每一个阶段都会认识不同的朋友。年纪小的时候，身边的朋友一直在做加法，越来越多，一个聚会甚至能有三四十个人；慢慢长大了，身边的朋友就在做减法，很快就连一桌麻将都凑不齐了。听起来很让人伤心，但这并不是坏事，真正的朋友能有几个就够了，在遇到困难的时候，拥有一个他有 100 块钱就借你 100 块钱的朋友就够了。当初每天一起疯玩的朋友，有几位至今还有联系，后来他们上了大学，有的毕业当了医生，有的当了厨师，有的到南方的一个寺庙出家当了和尚。出家的那位是聚不到了，但是剩下的几个人每隔几年就能聚到一起，打打麻将。

那一年我们都很轻狂，不知天高地厚，对别人一言不合就出言不逊，我们可以把这归咎于年少无知，但无知的轻狂是会让自己吃亏的，何必呢？但是现在再去想也没什么用，都是要经历过才知道的事情，就算别人说再多，自己没经历过的，也不会感同身受。每个人的心里都有一个好奇宝宝，别人告诉你狗屎不能吃，还是忍不住想尝一下。成长是需要代价的，没吃过亏的人永远不会长大，但是成长的代价不能太大，至少要在自己能够承受的范围之内，不然一下子就被搞垮了，也许就再也站不起来了。

爱情是成长的涟漪

缘分这个东西很神奇，你不知道它会在什么时候出现，但该来的时候它就一定会来。每一次相遇都是有意义的，无论这个人给你带来的是伤害还是温暖，最终都会成为你成长的台阶。幸运的是，在我人生中最迷茫且混乱的时候，遇到了一个人，一个将我的生活朝好的方向带动的人。

认识他是在 2011 年的 7 月，一个雨特别多的夏天。那是我人生中最难熬的一年，也是记忆最深刻的一年。那时候的我整日无所事事，经常约上几个玩得好的朋友，出去吃饭、唱歌、打麻将，也常常一起喝酒，玩到深夜。玩多了也就腻了，没有了当初的新鲜感和刺激感，我开始觉得无聊、无趣，像是在虚度人生。那时的生活让我感觉毫无意义，没有目标，没有方向，更不知未来该何去何从。

有一天公司停电，我就去河边的网吧开了通宵，碰巧坐在他朋友右边的座位上。那天晚上网吧人很多，二楼都坐满了，因为二楼的电脑比较好。

过了一会儿他走过来，操着一口不标准的天津话对我说："姐姐，能跟你换个座位不，这是我朋友，我俩想一起打打游戏。"当时网吧没有空座位。我就说："行，等会儿有空位了就跟你换。"过了一会儿我右边的位置空了，他就坐下了。

我问他："还换不？"

他说："不换了，这台机器是全网吧最好的。"

于是也就没再说话，他玩他的，我玩我的。快到半夜的时候，不知道谁把网线踢掉了，网吧的电脑全都死机了。我不会弄，他就过来帮我重启电脑。反正断网了，等着网络恢复之前大家都没事做，他就和我聊天，无非是聊些"多大年纪、哪里人"之类的。网络恢复之后，我们又各玩各的，没再说话。一直到后半夜，他朋友走了，游戏里的朋友都下线了，他一个人无聊，就又来跟我搭讪，看我在玩游戏就说陪我玩，结果一直玩到天亮。

我问他："你还玩不？"

他说："你还想玩不？"

我说："早就不想玩了，我还以为你想玩……"

他说："我也早就玩够了……"然后互相加了 QQ，我就走了。

回去又隔了很多天，我都快把这个人忘干净了，上线之后看到他的留言，大致是说，他不是什么坏人，想以后没事一起上上网之类。我回复他之后又留了电话，他马上就约我上线了。一来二去，就熟了，三来四去，就在一起了。

或许是缘分使然，当时他正在读的大学离我住的地方隔着一条小河，那时他已经快毕业了。在他上大学的这3年里，我们无数次走过同样的路，走过同样的桥，也许在同一家餐厅吃过饭，无数次擦肩而过却从不认识，但那天换了一次座位，让这场电影剧情一般的恋爱，断断续续地持续了很多年。

他的出现改变了我当时的生活状态，他不让我再出去鬼混，也不准我喝酒，每天最关心的就是我有没有好好吃饭和好好休息。虽然那时候两个人在一起也没什么事情可做，除了上网，就是一起吃饭、散步。和他在一起并没有年轻小情侣们在一起的热情，我们很少逛街、看电影，也没有充满仪式感的约会，就是两个人在一起待着。平淡无趣的恋爱方式，却让那时的我感觉很安心。

后来他毕业了，回到了自己的城市，之后的几年里我们一直都持续着异地恋。在那个感情就是一切的年纪，异地恋真的很辛苦，喜怒哀乐都不能随时和对方分享，因为不在彼此身边总是会有很多担心。他家里的条件很好，而那时的我一无所所有，也会有些不自信。在他回去的第一个月里，两个人一共发了3200条短信。那时候没有微信，不能随时语音视频，想要开个视频都要去网吧找一台有摄像头的电脑。交通也没有现在方便，最重要的是，我买不起机票。我们异地恋的第一年一切安好，一两个月能见一次面，他过来或者我攒攒钱过去。机票是买不起的，那时候也没有高铁和动车，火车卧铺、硬座、站票，长途大巴，这些我都坐过，而且没觉得辛苦，一想到马上就要见到心爱的人，疲惫也就都被忽略了。

每次买了车票去找他，回来之后我都要吃很久泡面，就算这样我也觉得很幸福，而且从来没有跟他说过。那时候他也在上学，让他花钱，就有一种花别人家里钱的感觉，有点儿别扭，所以除了他怕我吃不起饭主动塞给我的钱之外，我和他在一起从来没提过钱的事情。我到现在为止都不觉得男孩子给女孩子花钱天经地义，自己想要的东西，还是要靠自己。

青春期的感情还是很单纯的，没有钱的时候反而过得更开心。在他还没学驾照的时候，他会带我坐公交车到市区繁华的地方溜达，在网上查好广场的喷泉几点喷水，提前带我过去看喷泉，晚上一起逛夜市吃路边摊。那段时间，两个人在一起时生活的中心好像只有彼此，分开一小会儿都备感思念。对我来说，那段时光是美好的、是幸福的。

后来，我们就开始争吵了，因为一些很无聊的小问题吵个没完，我开始责怪他变得不像以前那样在乎我了，他开始嫌弃我幼稚黏人不懂事了。

我们在一起第三年的时候开始闹分手。第一次经历失恋的时候好像天都要塌了，我的生活都围绕着他，分开的时候不只是伤心难过，更感到不知所措。分开后的每一天我都会回忆两个人在一起的美好，也会胡思乱想自己爱的人会不会去找另一个人，脑子里被伤感的妄想淹没，终日恍恍惚惚，吃不下饭也睡不好觉，体重一下子轻了 20 斤。那时候的我幼稚地认为，分开了就是一辈子不再见面，失去了就是一辈子再无关系，觉得世界这么大，失去了联系方式就再也见不到了，又真的以为失恋会死人。我不知道是怎么熬过那段时间的，每天都想给自己找事做，好让自己不要胡思乱想，同时又表现出一副萎靡不振的样子，什么都不想做。我陷进了自己编造出来的悲惨世界，因为自己的世界太狭窄，生活的全部就只有那么一个人，当他离开的时候我才会有失去所有的痛苦。

但是再和好的时候，前面那些痛苦的感觉就好像假的一样，一下子就被抛诸脑后，我依然全身心地享受着和喜欢的人在一起时那种快乐的感觉。从 2011 年到 2017 年，我们一直分分合合。每次吵架分手都是因为一些无聊的小事，分开后两个人都会难过，但还是要争吵个不停。彼此都放不下对方，却又不知道该如何相处下去。好在我们还有时间，时间会带走很多我们曾认为重要的东西，但也会教会我们很多更重要的东西。

电影里常有的桥段是，失恋的人为了不让自己难过，把所有的精力都放在事业上，最后功成名就，其实就是转移自己的注意力，让自己从妄想的旋涡里走出来。我在后来做很多事情的时候能投入身心，也要归功于当初的失恋。我发现，当你自己变得越来越优秀的时候，别人自然也会越来越喜欢你。在我明白这件事情的时候，我们已经互相伤害很多年了。

好在我们都长大了，在一切安好的此时此刻回望过去发生的种种，真的很庆幸我们熬过了那些互相伤害的岁月。多年前他的出现改变了我的生活，让我把感情看得越来越透彻，很庆幸每一次分开最终都再次相遇了。我也明白了，生命中出现的每一个人都会教会我们一些东西。如果有幸遇到自己爱的人，既来之则安之，既去之不留之，一切随缘就好，该来的总会来，该走的都会走。对于留在身边的人，要感谢他的陪伴；对于已经离开的人，也要感谢他曾让你成长。生命中还有很多事情值得我们为之用心，爱情不是全部。当然，凡事都需要经历，我觉得那个为了爱情义无反顾的自己很可爱，也很荒唐。如果一段感情让人很伤心，没关系，不会一直伤心下去的，美好的回忆依然在，收进心里的百宝箱，那些不美好的就忘了吧！

打给老爸的三通电话

我再怎么独立也只是个孩子，力所能及的事情真的很有限，虽然我明白自己想要的东西要靠自己努力去争取，但是没有能力，怎么知道该往哪里努力呢?

不过，我还是尽力了。老爸出家以后，我给他打过三次电话，都是在觉得自己很无助，也很痛苦的时候。他出家后就和外界断绝了联系，专心修行，我想联系他就只能给寺里的僧团值班室打电话。

第一次打电话，是因为失恋。在那个把爱情当作一切的年纪，失恋的我喜欢钻牛角尖儿，一头扎进去出不来。我第一次感受到人生还有这样一种痛苦。我打电话给老爸，问他，这样的痛苦会不会持续下去。他说，不会。

我问他，那应该怎么办。

他说，把手机里的信息、邮件都删除，彻底忘掉、丢下。会痛苦一段时间，但是，一定会过去，将来回头再看，会觉得这些都是很可笑、很荒唐的事情。

这些话，我当时听不太懂，但却记住了。我也不确定这样做对我走出困境到底能不能起到作用，但是，现在回头看，确实像老爸说的那样，是可以过去的。

第二次打电话，是我真的是很想找他，但是现在忘了是什么事情了，就是想找到他，但是他没接到。

第三次是因为钱。那时候我想再去报个班学日语。前些年我日语学得还不错，后来在网上给字幕组翻译过电影，也考过证书，于是想再给自己升个级。报日语班大概需要几千块钱，但是我没有。虽然我也在努力赚钱，但是还没有真正赚到。我当时打工的老板说，如果我能做到一定的业绩，就可以把这些钱作为提成发给我。

我那时有点儿高估自己。虽然努力了，但是确实完不成，当然就没有得到提成。当时我还干了一件很蠢的事情，在网上看到有一个机会可以获得兼职，能有很不错的收入，但是要先给对方汇 2000 块钱。当时的我谁的话都听不进去，就是想快点儿赚到钱，于是背着我的堂哥，给对方汇了这笔钱，结果当然是被骗了。这是我人生中第一次上当受骗。

当时，我真的很伤心。我蹲在马路边给老爸打电话，没有告诉他发生了什么事情，只是告诉他，我只是想给他打个电话。我使劲忍，但还是哭了，我相信老爸一定听出来了。那时候，我第一次懂得，在这个世界上，不一定每一件自己想做的事情都必须马上去做。

我们都知道，想要的东西要努力争取。当实力不足以支撑梦想的时候，就要不断提升自己。没有想法、缺少知识就多读书，不够勇敢就努力突破恐惧，情商不高就多交朋友，管不住自己就培养一个又一个习惯……每天只是空想，什么都不做的人，永远都只能活在想象之中。

在 2015 年挣到第一笔钱

在 12 岁到 17 岁的这几年里，时间好像走得特别慢，漫长得像是过了 15 年。我挣扎在自己的无知之中，找不到前行的方向，更看不到自己的未来。不过好在，虽然过程是艰辛的，我却得到了不少经验，拓宽了眼界。以前我总是盼着自己快点儿长大，至少快点儿到 18 岁，成年了就能挣钱了，但当我挣到第一桶金的时候才发现，能不能挣到钱，原来和年纪没有多大的关系。

那一年微信的朋友圈里掀起了一股风，微商开始崛起，在朋友圈里随便刷一刷，10 条里有 8 条都是广告。说起做微商的契机，那一天闲来无事，我去一个很大的文玩市场溜达，看到很多人在买珠子，我突然想到，是不是可以自己回去批发一些珠子，在朋友圈里卖。因为没有什么钱，没办法一次买很多，第一次进货的时候我多花了不少钱。把珠子买回去之后我在朋友圈里发了 3 天都无人问津，仔细想想可能是珠子不好看。于是我又找了一些搭配用的珠子重新编了几串，这次就卖出去了。然后我又有钱去进货了。慢慢地，一天比一天好卖，我每天就自己穿这些珠子，拍照，发朋友圈，写几段话，积少成多。

在一个圈子里面干久了，认识的朋友也就多了，还认识了不少商家，拿到了市场最低的价格。等到积累了很多客户的时候，我卖的东西也越来越多。再到后来很多东西都不需要自己再去垫钱进货了，卖出去了人家会直接帮忙发货，自己从中间挣个差价就行了，我变成了名副其实的“二道贩子”。

大概做了3个月，生意有点儿稳定了，每天基本上能出两三单，挣个200块钱，一个月下来也是相当可观了，但毕竟还是不太稳定，有时候我偷偷懒，就没有单子了。一个很久不见的朋友找我买东西的时候与我闲聊起来，说：“现在干微商的真是轻松啊，随便发一发就能挣到钱，也不用朝九晚五地上班。”我很无奈地回了他一句：“哈哈，是啊。”

其实不是这样的，我开始做微商前也计划了很长时间，只不过一直不知道卖什么，了解到文玩市场也是偶然。最初我也觉得，这应该是个挺简单就能挣到钱的事情。但是自己做了才知道，很多事情真的做起来，并没有事先认为的那么简单。

我的客户来自全国各地，有朋友推荐的，有客户推荐的，还有不知道从哪里来的，总之，有很多人。每个客户的要求当然都是不一样的，有时候一单挣个十几块钱，还要耗上半个小时去跟人家介绍。也会遇到比较痛快的人，简单问问就付了钱，但毕竟是少数。还会遇到每天都来问，但是从来不买的人。最无奈的时候就是遇到没事找事的人。收到东西之后过两天说不喜欢了要退，我虽然很生气，但也老老实实地给退了。毕竟和气生财，得罪谁都是不好的。

仔细想想也挺累的，要挣钱，就得把东西卖出去，但怎么才能卖出去，真的是门学问。有可能人家真的想买，但是我一时没顾得上接待，就流失了一单生意。也会有人在半夜发消息，因为我睡觉了，没有看到，等到第二天再回复的时候，基本也就没戏了。更糟心的是快递出问题，快递慢了客人要抱怨，丢了还要自己赔给人家。

那时候每天发消息的客人有很多，刚开始的时候很难判断对方是不是真的有意购买，通常都是费了半天口舌，对方只回复一句“我再看看”。等到发现判断对方是不是有诚意的诀窍时，我已经辛苦了挺长一阵子了。

我也不知道自己做生意的想法是怎么来的，大概也是生活逼出来的吧，当每天的单子比较稳定之后，我开始想着扩大经营范围，卖一些更贵的东西，这样利润会更大。于是我在圈子里面找人帮忙介绍一些厂商，和人家洽谈之后，成功扩大了经营范围，又多了一些木头制品。红木手串在前几年正是火爆的时候，我能赶上也是碰巧了。

那应该是我第一次正经和厂家的老板谈合作。能够谈成的原因，大概是我一直以来积累的与人相处的经验。做了微商之后，我每天和各种各样的客人谈话，也就学会了对什么人说什么话了。

之后我又研究了一下自己现在的客户群，觉得还是有点儿窄。我在朋友圈里翻了翻，看到一个做推广的人。那时候我对营销和推广都还没有概念，和人家聊了一会儿，大概知道基本情况之后，就付了钱让人家帮忙推广，心里想着，要是骗子就当买个教训，要是真的那就太好了。庆幸的是没有被骗，推广有了一定的效果，我的客户圈子又扩大了一些。从那个时候开始，我的生意慢慢变得好做了，累积起来挣了不少钱，但都还是零散的。最大的一笔单子，是一位不知道从哪里蹦出来的好心老板，一下子定了几万块钱的东西，那一单，我挣了 6000 块钱。这应该是这些年来，我帮堂哥要债之后见过的最多的一笔钱了。

不过很遗憾的是，我虽然在 17 岁的时候拥有了稳定的收入，甚至比很多上班族的收入还要高，但我并没有把握好金钱。因为觉得自己比身边的人挣得都多，我就很骄傲，也很膨胀，很快就把挣到的钱都花光了。可能是因为以前的穷日子过得太让人难忘，在我挣到钱之后，花钱完全不受控制。去以前想吃但是吃不起的餐厅，点单都不看价格，看上喜欢的衣服也不考虑打不打折，就一味地买买买，不会去做规划也没有计划，觉得每天都会有钱入账。当然，这不是什么好事情，我现在也会后悔，当初要是不乱花，能存点儿钱就好了。在那个时候还真有人劝我存钱，我却想着过一天算一天，没必要存钱。

大概过了一年多，经济形势不太好了，每天的收入比之前少了很多。进货价在涨，市场价在降，东西也不好卖了，挣的钱也越来越少了。于是我决定放弃这个日渐衰败的小事业，找找别的谋生出路。但因为没什么存款，有一天逛街，看上一件衣服，结账的时候提示余额不足。那个时候才发现，我又变穷了。但好在我知道了穷日子是什么样的、有钱的日子是什么样的，懂得了赚钱的不容易，也明白了金钱和生活的关系。

回想起来，所有事情发生的时机都太好了，如果那个时候我有一张信用卡，一定会毫不控制地透支，最后欠下一屁股债。还好当时我没到能办信用卡的年纪。我也第一次为自己未成年的岁数感到庆幸。

5 年后，你会在什么档次？ 30 岁时，你想站在哪里？相信大多数人——至少年轻人，都认真思考过这些问题。一个人想站在哪里以及会站在哪里，往往取决于他之前某个时间所做的决定，也就是说，我们现在所走的每一步，都决定着人生未来的方向。人生短短几十年，任何时候都可以根据自己的愿望去生活。我能体会现在的人对未来不确定感的焦虑，但正因为如此，我们更要好好规划自己的人生。

愿你永远不要长大

在我放弃了自己的小买卖之后，又闲了一段时间，那时已经可以经常联系到老爸了，自己在外面摸爬滚打了几年，叛逆的心基本上被磨得差不多了，也能听进去一些大道理了。寺里的基金会多年来一直都在坚持最开始的公益项目，老爸让我多去参与参与，虽然比较辛苦，但是我想着，反正也没事可做，就去吧。

参加了一次助学活动之后，我也想起多年前老爸还没有出家、我们刚刚了解到基金会的时候，和老爸一起去参加的一个扶贫的活动。

那一年，我们跟着基金会去了赤峰。老爸当时在给基金会拍纪录片，非要带我去，我是拒绝的，但是拗不过他，只好老老实实地跟着去。有很多来自全国各地的义工一起去。我们租了一辆大巴，装上志愿者们捐赠的物品，集体出发，开始了赤峰之行。

不记得车开了多久，一路上我都在睡觉。到地方了被叫醒，下车一看，风景真是美。云很低，影子就映在地上，干净的草原和蓝蓝的天空，让人忍不住想在草地上打个滚儿，晒着太阳吹着风，美美地睡上一觉。可接下来我们看到的却是连如此明亮的太阳都照不亮的、一片贫瘠的村庄。

大巴停在村里的小学操场上，志愿者们给当地的孩子们送来了文具、书本。孩子们拿到礼物后兴奋得又蹦又跳，甚至欢呼大叫，像宝贝一样把礼物抱在怀里。也许在孩子们的眼里，志愿者义工们就是给他们带来幸福的圣诞老人吧。我想想就心酸，山区里的孩子们当作宝贝的东西，其实都是城市里的孩子们不要的东西。

从学校出来，义工们分成了很多三人一组的小队伍，由村里的负责人带领，把捐赠的衣物挨家挨户送到村民手上。我在的小组被分到了一户比较远的人家。村里的路坑坑洼洼，刚下过雨的道路上都是泥巴，很难走。我们走了很久才到目的地。

推开一扇树枝捆在一起做成的栅栏门，眼前是一片荒凉的院子，再往里走，就可以看到一个小土房，这就是我们要找的人家。家里有一位老爷爷和一位老奶奶，还有一个五六岁的小男孩。听说孩子的父母都去城里打工了，留下爷爷奶奶带着孩子。由于家里没有劳动力，仅有的几亩地也都荒废了。爷爷身体不好，还要看病买药，家里的生计全靠奶奶做些针线活来维持。孩子没有上学，有时出去捡些废品卖点儿钱补贴家用。

当我们带着衣物走进他们家的院子时，奶奶出来迎接，她看到志愿者的时候就控制不住情绪了，老泪纵横地抓着志愿者的手，边哭边说着些什么。虽然我听不懂当地的方言，但多少能感受到老人的心情。爷爷拄着拐杖，站在后面偷偷抹眼泪。

在其他志愿者跟爷爷奶奶聊天的时候，我的任务就是陪这个小朋友玩。说来也怪，五六岁的小男孩，正是淘气的时候，而眼前的这个孩子，虽然脸上脏脏的，身上也都是泥巴，但眼睛里却透着一个孩子不该有的成熟。

小男孩带我们参观了他的家，家徒四壁，家里最值钱的东西，就是半露天的厨房里被烧得发黑的那口破铁锅。

有一个志愿者问他："你长大以后想做什么呢？"我本以为他会说想上学，但意外的是，这个孩子说，他长大了想去收废品。志愿者惊讶地问："难道你不想上学吗？"孩子说，等他长大了，就可以拿动更多的废品了，就能卖更多钱，爷爷奶奶就不用辛苦了。说这些话的时候，孩子脸上的笑容是那么灿烂，而志愿者却红了眼眶。我站在一边看着这一切，不知道该说些什么，心情很复杂。

临走的时候，小男孩跑过来和我们道别，并将一把菜递过来，对志愿者们说："叔叔阿姨，谢谢你们送来的宝贝，我从来没见过这么好的东西。这个送给你们，这是我家里最好吃的菜了。”

对于那时的我来说，这次出行只是一次踏青，但不知为何，这件事情一直留在我的记忆里。再回想起当初那个小男孩天真的笑容、那颗纯洁的童心，真的希望他永远不要长大。

肆

曾经度过的那些糟糕岁月

做个独立的人吧

我有的时候会觉得，人生中每一个阶段遇到的事情和遇到的人，都是注定的，无论是好的，还是不好的。如果遇到了糟糕的事情，仔细想一想也都是人生的经验，好像也没有那么糟。

在放弃了微商小生意之后，我又经历了一段迷茫的时期。与小时候那种无知的迷茫不同，我不知道自己该做点儿什么，虽然不担心未来的发展，但依然为自己的口粮钱感到惆怅。

转机终于来了，很多朋友都告诉我："你爸爸在寺院里当和尚，有很多信众，你还不如卖点儿念珠什么的，一定会卖得好。"我觉得这是个好主意，于是就跟朋友合作一起做了一些样品，忙活了一段时间，拿去庙里找老爸。老爸告诉我，这是个好生意，但是存在这层关系的缘故，这个生意由我做就很不合适。

这让我明白，拼爹是不行的，人活着还是要拼命。好在前期花的钱并不太多，朋友也很仗义，这事就这样过去了。

再次蹉跎了一段青春年华之后，我得到了一份工作。老爸出家之前的一个好朋友让我去她的公司上班，包吃包住，还发工资。说来也是缘分，我的第一个老板——璐璐，在我很小的时候我们就认识了。据说我小时候老爸带着我来北京出差，他要加班顾不上管我，就把我放到璐璐家让她照顾我。没想到时隔多年，我又要麻烦她照顾了。

第一次接触正式的工作模式，让我对生活又有了新的认识，比如开会的时候要做记录，汇报工作的时候要发邮件，还要注意邮件格式等这样细小的事情。不过说是上班，其实也没有什么重要工作是我能做的，每天只是做一点儿简单的工作而已。虽然很麻烦璐璐，但是这让我能在保证基本生活需求的前提下，有更多的时间去考虑自己以后要做的事情。

在璐璐公司工作的前半年里，璐璐基本上去哪里都会带着我。我跟她学到的最多的东西，其实并不是工作，而是生活。她是一个很独立的女人，大学毕业后来北京打工，啃过馒头，也住过地下室，奋斗多年以后在北京买房、买车、开公司，一切都是靠自己。

在这之前我一直都过着只考虑怎样填饱肚子的日子，对生活并没有太多的概念，也从未关注过生活中的细节。那时我每天和璐璐在一起，慢慢地看到了一个精致女人的生活。最简单的，就是吃、穿、用。她的办公室布置得很有品位，典型的中国风，木质的家居和亚麻材质的桌布，窗台的架子上养了许多花。带我去吃饭的时候，她会挑一些安静、小资的地方，但是我对烧烤依然乐此不疲。一起去逛街时，我们也会买一些简单又实惠的衣服和精致又可爱的小玩意儿。

璐璐每天的生活是这样的：工作的时候会一直坐在电脑前，不忙的时候会去看电影，开会前来一杯咖啡，有时会再来一份小甜品。她也经常去龙泉寺做义工，于是就在附近的村子里租了一个小院子，四四方方的格局，木头门瓦房顶，院里有两棵樱桃树。周末的时候她会在家打理她的小院，和家里的老猫一起晒晒太阳。

如果没有之前的那些经历，我一定会很天真地认为，有钱才能过得这么自在，穷人可过不起。我也是穷着过来的，那些日子真的是太穷了，满脑子想的只有怎样才能不让自己饿死，那时的我不懂也没有精力去过精致的生活。

等日子好过一点儿了，不再为吃喝发愁的时候，我也还是挺穷的。有段时间我经常往返于天津和北京之间，买好车票在车站候车的时候，也是在公共候车区找一个座位，等待检票。车站的咖啡厅人会少一些，座位也舒服一些，花上二三十块钱买一杯咖啡，就可以在舒适的环境下，安安静静地等待上车。那时候的我，虽然知道还有这样一种生活状态，但还是望而却步。不是买不起，而是舍不得。有时候从天津的公司出发，到北京的龙泉寺找老爸，单程差不多要耗费 4 个小时，坐公交车去火车站，坐高铁到北京，再坐地铁、挤公交，下车之后还要步行30分钟左右到山上，基本都是当天去当天回。即便这一天里8个小时都耗费在路上，回到天津的时候也已经是深夜，那时身心疲惫的我依然舍不得花上20块钱打车回去。

确实，要想把日子过得精致、体面，首先要确保基本的生活，然后要有足够的钱，才能提高自己的生活品质。但是我知道所有的体面都是汗水和泪水浇灌的，大部分人都是穷着过来的，都是吃了很多苦，遭了很多罪才过上自己想过的生活的。

璐璐收入不菲，生活也很讲究，但是该节俭的时候很节俭，不怎么乱花钱，特别愿意帮助别人，常常借钱给别人，遇到有借无还的时候，她也不计较。这一切都对我产生了很大的影响。

我也见过一些有钱的老板，年轻的时候穷，奋斗多年发家致富以后却把辛苦挣来的钱拿去花天酒地，购买各种高级奢侈品。办公室富丽堂皇，满身名牌，还有豪车接送。以自己喜欢的方式生活似乎没有什么错，每个人都有自己心里认为的快乐，但是，我更喜欢璐璐那种岁月静好的生活方式。

接下来的半年里，我很少在公司见到她了。她去龙泉寺当了常驻义工，也准备出家了。听到这个消息的时候我还挺惊讶的，她现在的生活可以说是我未来想要的生活，有房、有车、有钱，还有一个很爱她的男朋友，但我不明白她为什么要去当尼姑。

有一天我和璐璐进行了一次促膝长谈，我们聊了很多。她说她以前的生活和大多数姑娘都差不多，会把自己打扮得漂漂亮亮的，也会买很多名贵的首饰、花哨的衣服、名牌包包。但是慢慢地就觉得这样的生活越来越没有意思了，也开始喜欢更淳朴的东西了。

当我们聊到“独立”的时候，她说，刚刚出来打拼的时候也很苦，可能是天生要强，没想过靠别人，自己挣来的钱，花起来也比较过瘾。

后来璐璐卖掉了她的公司，捐掉了大部分钱，一直在做义工，为公益事业终日忙碌，空闲的时间远比经营公司的时候少，但是她看上去好像比之前要快乐很多。

另外一个一直对我很好的阿姨也出家了，现在已经在南方的一个寺庙里，过着青灯古佛、磬声相伴的日子。她曾经也是一个有房有车有事业的女强人，我也是在寺庙里认识她的，她在那里做义工。听说她年轻的时候是个脾气暴躁的人，但是我认识的她是个温柔随和的人，完全看不出来暴躁。她出家之前，几乎把所有的东西都送人了。有一天我突然听到消息说，她已经去了南方。

这些独立又成功的女强人们，就这么脱离红尘入佛门了，对自己曾经辛苦打拼来的物质生活丝毫没有留恋，就这么离开世俗了。不知道是什么样的人生经历，让她们选择放下身边的一切。

人生在世，牵挂真的很多，比如，我每天出门都会惦记我的宠物松鼠，我给它们起名叫“小呆”和“二柴”；我用了很久的包坏了会很遗憾；丢了什么东西会惦记很久。而她们却把所有的东西都送人了。那些很贵的实木家具捐给了有需要的地方，贵重物品送给了身边的朋友，口袋里的钱除了留给父母养老，剩下的也都捐了出去。璐璐在决定出家之后，送走了她养了多年的猫。

也许是对人生有了更高的追求，又或许是别的什么原因，我虽然还不是很能理解，却非常敬重她们，相信她们这么做一定有自己的道理。不管怎么样，这些人出现在我的生命中，对我的人生观、价值观都有着很大的影响。我不知道自己的未来到底会怎么样，但希望我能像她们一样，在这滚滚红尘中做一个独立的、不给别人添乱的姑娘。

也许是种天赋

一次机缘巧合下，我参加了一个自媒体会议，接触到互联网媒体这个行业。在会议上我见到了许多自媒体大咖，令我惊讶的是，这些团队通过互联网平台打造的自媒体，竟然能够撑起一个媒体公司，每发布一篇文章，都能把流量换成钱。

这么多年来我一直在寻找自己的兴趣爱好，但始终没有发现让自己感兴趣的事情，除了赚钱。能赚钱的事情我都想要去尝试，当然这一次也不例外。毕竟写作也没有什么成本，多动动脑子呗。于是我申请了自己的公众号，“三天打鱼，两天晒网”地发一些文章。起初只是为了尝试，但是我发布的文章还真能赚到钱，虽然只有十几块钱，但也让我开始认真地思考，也许可以试试看，做一个自由撰稿人。于是我仔细地研究了一下什么是自媒体，找好了自己公众号的定位，就正式开始了我的写作生涯。

本以为写作会是一件很简单的事情，毕竟我小学的时候语文也考过 100 分。但是，真的运营起一个自媒体的时候，我才发现其实并不轻松。粉丝数量总是不涨，阅读量只有几十个，我抓不到最近的时事热点，也想不出能够吸引人的段子，更不会写能够催人泪下的心灵鸡汤，一时间我非常惆怅。参加了一次基金会的公益活动之后，我想，那就干脆给公益活动写报道吧，当个“小记者”也不错。

我写的第一篇阅读量超过1000的文章，是关于仁爱基金会“仁爱心栈”的报道。很多义工每天天还不亮就开始熬粥，然后推着小车到附近人流密集的地方，给行人们免费奉粥。有的人会感到诧异并拒绝，有的人会好奇地过来询问是否真的免费。我也看到过无论是白领还是衣着简朴的农民工，在冬天寒冷的清晨捧着一杯免费的粥而露出真诚淳朴的笑容。在这之后我又参加了很多次同类的活动，写过几篇报道。托基金会的福，我的自媒体开始有了转机，粉丝数量逐渐上涨，也开始有人留言点赞了。

掌握了一些运营和写作的技巧之后，除了公益报道，我也开始写一些人文时事，但大部分都是关于生活的文章。后来，一家叫“贤二家”的素食餐厅开业了，我又跑过去给餐厅写一些美食的文章，餐厅的人也都很友善，每次有了新菜，都会叫我过去尝一尝。写了将近大半年，我的自媒体开始有了固定的收入，成绩最好的一篇文章，在短短两天之内就赚了2000多块钱。我从开始写作到靠着自己的文笔养活自己，大概用了不到一年的时间，虽然收入不高，但也开始有信心养活自己了，不再像以前那样迷茫了。

如今是互联网信息发达的时代，到处都是开放平台，粉丝量超过百万的自媒体比比皆是，我这样一个不知名的小自媒体实在是无足轻重，也不值得炫耀，只是我在做这件事的过程中学到的东西，远比运营一个公众号所收获的价值要多得多。

生活中的每一个细节都可以是一篇文章的素材，遇到的每一个人、每一件事都可以写成一个故事，我所做的每一次新的尝试，也都会有不同的收获。写到后来，我的文章也在小圈子里有了明码标价，真的会有人付钱找我写稿子。不过那个时候，我还没有想过要去当一个作家，直到一位出版社的编辑老师找到我，说想给我出一本书。我才发现，也许是与生俱来的天赋，在冥冥之中引导着我走上了文艺青年的道路。

我有时会想到我的老爸，他曾经也是一个作家，出了很多书，大概可以算得上是改革开放以来中国最早的一批网络作家之一了。他说，他从 17 岁开始写作，写到 40 岁才有人找他出书。在我看来，老爸是一个很有才华的作家。而我只写了短短的几年，就能像现在这样，受到编辑老师的青睐，写下属于自己的一本书，并不是我多有才华。一个小姑娘的文笔怎么可能比得上一个写了一辈子书的老作家呢？只是有时我会为老爸和许多生不逢时的人抱不平，命运真的很捉弄人。

“贤二家”，一个非常特殊的群体

我要感谢“贤二家”这个素食餐厅，它不仅仅给我提供了写作练笔的平台和机会，更重要的是，给予我一种精神力量。经营这家素食餐厅的人来自一个非常特殊的群体，他们被称为“僧亲”，就是出家人曾经的亲友。

这个群体里的人，有的是老公出家了，有的是父亲出家了，有的是母亲出家了，有的是父亲母亲都出家了，有的是孩子出家了。他们老的老，小的小。前厅后厨、专业的和非专业的餐饮工作者加在一起有好几十人，而且数量还在不断增加。

我经常帮着他们写些文章。弟弟寒暑假的时候就住在店里，干一些力所能及的活儿。大家非常团结，非常自强，没有抱怨，只有勤奋和努力。现在 90% 的素食餐厅都亏损，大家众筹开了这家店，一方面给一个奉粥的公益项目无偿提供场地，另一方面也是在做僧亲的分内之事。弘扬素食，护生放生。

这些僧亲们有的家境还可以，有的就很拮据；有的僧亲有特长，有的就没有什么特长。只是经营素食确实很不容易。但不管怎么样，真的要感谢成就这家店的好心的股东们，如果没有大家的慷慨和付出，就没有这家店。这家素食店让这些僧亲们不仅有了一个生存就业的地方，更有了一个心灵的家园，大家在这里有共同的话题，遇到困难就容易扛过去了。

没有这个平台，简直无法想象，如果大家纷纷流散到社会上，不仅要承受生存压力，还要承受社会的种种非议，以及来自家族的压力等。

当然，经营这家店也有压力，收入与花销到目前还无法持平，略有亏损，但总好过僧亲们独自在外边打拼。

我在这里没有收入，但是获得的却远远超过这个世界上可以衡量的任何物质财富。我在这里感受到了人的平等，人的自尊，人在苦难和逆境中向上的精神。

世俗社会里，丈夫出家了，妻子带着老人和孩子，默默奋斗，支持老公的信仰，一般人对此是无法理解的。孩子大学毕业就出家了，年迈的父母也接受了这个现实，在店里辛勤工作，默默支持孩子的信仰和追求。大家相互之间不指责、不批评，按照信仰的要求找自己的缺点，不等不靠，不给任何人添麻烦，业余时间做力所能及的公益慈善工作。虽然还有很大的经济压力，但是努力就能让人看到希望。

我和弟弟自这里开业就来了，目睹了大家的喜悦和悲伤、困苦和艰难、受到诋毁时的泪水以及努力后的阳光，也被大家勇敢面对生活的力量所感染。

这里还接收过勤工俭学的河南文心高中的少年们。那是一所专门帮助辍学少年完成学业的公益学校，10年来，校长李路静老师默默培养了很多优秀的孩子。他们在这家店里又勤奋又好学，周围好多人都会问："你们从哪里找来这么好的孩子？"

"不是一家人，不进一家门"，说的大概就是这个团队了。与其说这是一家餐厅，不如说是一所学校。我在这里接受了经营和传播的教育，还有坚强的教育。我能够坚持写作也是因为想到这里还有那么多悲伤和艰难的心在努力、在奋斗，自己就没有理由偷懒、拖延。

在这里，我明白了一个道理，克服困难不是为了活着，而活着就是为了克服困难。

改变生活的转折点

靠写作为生的日子持续了将近一年，我的收入断断续续。因为不是每一篇文章都能获得收入，所以我就又开了一个网店，把老爸以前画的画印在帆布包上，卖掉换钱，不过这件事情没有坚持多久。因为买包的人不多，制作起来又麻烦，又或许是我不擅长做网店，也没有深入研究过推广店铺，就没能把网店做火。不过我搞定了印包的机器，也学会了徒手拆装打印机。

有一天我突然接到一个电话，是一个导演打来的，他看到我自媒体里的内容，想雇我给他的公司做自媒体运营。那个时候我对“合作”的一些模式还不是很了解，但毕竟是挣钱的事情，觉得可以尝试，于是就约了他见面细聊。

一起吃过午饭后我们在餐厅聊了一下午，对方开出了很好的条件，工作内容在我看来也比较简单，会比较辛苦的一点就是要去参加各种会展活动，还要拍照、写稿子。不过考虑到对这项工作还不太了解，也不相信会有天上掉馅饼这么好的事情，虽然很感激别人的青睐，我还是拒绝了。

不过这件事情也促使我开始思考，是不是该去找一份朝九晚五的正式工作了。有时候我觉得很神奇的是，每当我产生一个还不太确定的想法的时候，总会出现一个机缘，来推动我去实践自己的想法。

经过几番联系，我收到了一个通知面试的电话，接下来的一切都很顺利，面试、办理入职手续、正式入职。就这样，我有了一份正式的工作，成了一名年轻的上班族。

公司的工作模式是我从没经历过的。第一次进办公室，我心里慌慌的，感觉手都不知道该往哪儿放了，生怕自己说错话、做错事。还好刚入职的时候，领导安排了一位导师来给我分配工作，又安排了一位有经验的经理带我入门，我也获得了很多学习的机会。有时候我真心觉得自己命好，第一次正式接触工作，就遇到了一个好领导。

在我的印象里，领导大概都是比较严肃刻板的样子，对待工作出错的员工会严厉地批评。但是我想错了，我的领导是个非常随和可爱的人，看到我手足无措的样子，中午特意请我吃午饭，跟我聊家常，想让我放松一些，不用那么紧张。

我的导师和所有人说话都很客气、很谦虚，每次安排完工作，都会和大家说“谢谢”“辛苦了”“麻烦了”之类的话。我有时和导师说话用敬语，他都会说，别这么客气。刚入职的那段时间，我每天都感觉受宠若惊。作为一个初入职场的小菜鸟，我经常会在工作上出一些小岔子，导师让我写文档，我经常会发一些我觉得写得不错、但其实乱七八糟的文档过去。导师每一次都会耐着性子仔细地给我讲解，应该怎么做、顺序是什么，话语间也很注意保护我的自尊心，不会用施加压力的方式来让我加快工作进度。即使是很着急的工作，导师也会说："没关系，慢慢来。"

有这样的领导，我真的很愿意努力地去学习那些工作中不明白的事情。不是为了保住饭碗被迫去学，而是觉得有人愿意这么耐心地教导，自己若是还没长进的话，真是太对不起他的栽培了。我有时候会想，怪不得人家能当领导，这么随和的人，大家都愿意和他一起工作。之前听人说过，一个真正成功的人，在和他人对话的时候，会努力让别人感到舒服，现在看来真的是这样。

带我入门的经理是一个非常独立的姑娘，虽然有点儿"工作狂"，但是私下聊天的时候，我发现她其实是个性格非常好的姑娘。作为一位工作经验非常丰富的经理，面对我这个初来乍到的小菜鸟，她并没有嫌弃我，每次开会都带着我，让我做会议记录。哪怕我听不懂，也先记下来，开完会她会抽空给我做一些讲解。有时候她也会让我写一些文件，什么都不懂的我，写出来的文件当然也是没办法用的，但她还是会让我写，之后告诉我哪里有问题、应该怎么改。因为有这样一个领路人，我很快就学会了工作中的许多事情，我也很快就能够独立完成小项目了。

这是我人生中一个很重要的转折点，我遇到了对我包容、悉心教导的上司，他们为我的成长提供了非常大的帮助。我也会想，如果当初不是找到这样的大公司，而是随便找个商城或者餐厅打工，会是什么样呢？或者遇到了很严厉的领导，又会是什么样呢？以我的性格，大概很快就会甩手不干，然后再换一份工作，这样反复地折腾吧！不过这些都是“如果”，幸运的是，这些“如果”都没有发生。我要找一份好工作的想法，最终很幸运地实现了，感谢生活以及我所遇到的一切。

朝九晚五的生活并不像我想象的那么无趣，工作中有太多的事情需要去学习，这都让我兴趣盎然。在工作中我也会遇到不同的人，每一个细节里都有太多东西需要去认识和了解，我写作的特长也在工作中发挥了作用。了解了工作内容之后，写起文案来也是轻车熟路，而每天写很多文案和记录，也让我的写作能力有了很大程度的提高。

慢慢地，生活渐渐规律了，我也懂得了做事有效率的重要性，每个月按时发到卡里的工资让我能更安心地去规划自己的生活。在正式工作中学到的东西，只做小买卖是学不到的。只有当人走上了更高的台阶，才能看到更美的风景——无论是物质上，还是精神上。也只有超越了过去的自己，回头看过去时才能更清楚地看到自己曾经的不足。

在工作了半年之后，我终于明白了，为什么许多人撞破了头，都想要有一份好的工作。不只是因为有了好的工作才能在人前有面子，而是有了好的工作、好的平台，才能让我们更加接近那个通向未来和梦想的舞台。

“想找一份正式工作”这个想法成了我人生中最正确的一个选择，因为我不仅掌握了新的生存技能，更找到了生活的方向。对于我来说，这份工作换来的不只是工资或者经验，还让我在这个过程中掌握了生活的节奏。而我亲爱的领导们，不仅仅给我提供了锻炼自己的机会，让我提高了工作能力，更帮我树立了正确的思维方式，这让我无论在后来的工作中还是生活中，都能有条不紊地处理好遇到的大部分问题。我的导师也让我明白了一件很重要的事情：待人接物要懂得“好好说话”。连大企业的领导说话都如此谦和，从不高傲，像我这样一个知识浅薄的小姑娘，又有什么好跩的呢?

第一个月的工资

虽然我以前也赚过钱，但是，拿到第一个月工资的感觉真的不一样。我记得我爸爸以前外出打拼的时候，他的第一个月工资除去自己的生活费，其余都寄给了爷爷奶奶。

大概是懂事和开窍了吧，我拿到工资后就请我堂哥吃了顿饭。这顿饭，似乎对他来说比较难忘。

我发现，人真的是一种容易动情的生物。堂哥一个大小伙子，提到这顿饭就像我奶奶一样马上要抹眼泪，想来一定是我当年太让他操心了。如果不是他在公司里照顾我，我一个人肯定没办法好好度过叛逆期。

每个人的成长都很不容易，真的不是童话，也不像书本里描述的那样浪漫，都是现实。

如今，我堂哥已经有了自己独自经营的公司，过着有房有车、有声有色的生活。国家政策改革让他这样没有背景但是有技术、有能力的公司的日子越来越好过了。我堂哥读大学的时候，每次放假回来都会带回大包的脏衣服，大学一毕业就跟着我爸爸干。他比较有个性，进出公司好多次，就是不肯认真做事情，比较爱玩，但是，他真的很有天分，无论什么东西一学就会，技术绝对没得说，人也非常善良和能干，就是不能安下心来好好做事。

以前，他都是做一半就去玩了，留下尾巴让别人干着急，我爸爸一直拿他没办法。直到有一次，我爸爸让他创作一个视频，爸爸想了个办法，就是告诉他："你的视频虽然没有做完，但是我先把你的奖金提成拿出来，给你妈妈。"

我爸爸回安徽老家的时候，就真的把钱给了他妈妈。他妈妈拿到钱，立刻痛哭流涕，说培养孩子这么多年，第一次拿到孩子赚的钱。

这件事情大大地刺激了我堂哥，从此以后他就成了一个真正的大好青年，兢兢业业、勤勤恳恳地工作，不仅打理好了公司和自己的生活，还成家立业、娶妻生子了。

但是，岁月流逝太快。

打死我也想不到，我用第一个月的工资请堂哥吃饭，竟然会让他潸然泪下。

生活啊，有时真是让人难以言喻。

我们为什么要工作？为了生计——这无疑是最世俗的答案。诚然，为了面包和牛奶，人们不得不工作。很多工作也确实能够给予人们实现哪怕极微小的抱负的快乐，这一快乐能使从事某种工作的人比无所事事的人幸福得多，这也正是我第一次领到薪水时如此兴奋的原因。

没有房的我们

在我找到工作两个月之后，璐璐的公司就解散了。为了不继续给她添麻烦，我开始在外面找房子。仔细想想，这么多年，我虽然四处奔波，但也没花钱租过房子。以前一直住在天津的公司，过年过节有时候爸爸的朋友也会叫我去他们家里住几天，虽然有几次因为忘了带公司的门的钥匙，睡过河边的长椅，但是都还好，有过露宿街头的经历其实也是不错的。来了北京之后我也经常在很多朋友家蹭住，偶尔也会去寺里住上几天。我的随身物品除了一些衣物和一台电脑，基本上也没有其他东西了。直到搬到璐璐的公司，我才开始布置自己的小房间，才有了几件小家具。

以前我从来没有在意过自己的生活环境，一直都是有饭吃、有地方睡就可以了。不过说实话，这次找房子搬家，在感受到房租的压力之前我还是很兴奋的。毕竟这么多年来，一直都是借住在别人家，关系再亲近，心里也会隐隐约约产生“终究不是自己的家”的想法。

在北京想找个合适的房子很不容易，便宜的太远，近一点儿的又太贵，比较新的小区户型太大，有小户型的老房子又感觉不太安全。而且在租房子的时候，要一次性付很多钱。好不容易找到了合适的房子，中介费也是一笔不小的开销。

好在北京是个经济发达、也很时尚的城市，每一个区基本上都有几家青年公寓，让外出打拼的年轻人在租房子这个基本生存问题上省了不少麻烦。以企业形式经营的公寓，基本上不用担心退房的时候押金退不回来，也不需要跟房东打交道，不用交中介费，搬进去以后只要按时付房租，也不会有什么麻烦事。

于是在国庆节的假期里，在很多人都在计划着如何度过自己的假期时，我在北京经历了人生中第一次搬家。

由于我没有搬家的经验，花了不少钱，搬家公司的师傅还不给搬进门，只是搬上楼放在门口就走了，后来我才知道可以从网上叫车来搬家，很便宜。我一个人把沙发、冰箱、塞满杂物的纸箱和大包小包的床上用品搬进屋，一样一样摆好，再把被褥翻出来，铺好自己的床，扔掉垃圾，打扫房间，都收拾好的时候已经快要天黑了。

我换了一身衣服准备去附近的商场吃饭，顺便去超市买些生活用品。下午一直忙着收拾自己的新家，忘了给手机充电，在我从超市拎着两大包东西走出来想要用手机叫车的时候，发现手机已经自动关机了，还好兜里有几十块钱现金，打车回去足够了。但是我站在路边等了很久也没打到车，无奈之下只能走路回家。

虽说刚刚入秋，但夜里还是有些凉。超市离新家差不多2000米，我手里拎着两大包东西，只能走一会儿就停下来休息一会儿。那天也不知道怎么了，走了一路都没有看到一辆空的出租车，等我看到空的出租车时，已经快走到家门口了。这一天，我感觉过得很糟糕。折腾了一天，疲惫的我躺在床上，看着陌生的天花板，很快就睡着了。

我一觉睡到第二天中午，醒来以后看着周围陌生的环境突然有点蒙，但很快就反应过来了——原来我刚刚搬了新家，以后就有自己的安心小窝了。青年公寓里住的大多数都是年轻人，经常会在公共大厅搞一些活动，有时我也会参加，一般都是凑个热闹就走了。虽然也认识了几个好朋友，但是我依然觉得，人多的地方是非多，依然不是很喜欢扎在人堆里。

我本来以为自己在这里会过上和往常一样的独居生活，因为我住的青年公寓里租户太多，也有点儿吵闹。虽然房间不到20平方米，但装修风格还不错，相比周围的普通小区，房租也便宜很多。整栋楼里有300多间我这样的房间，住在这样一个鱼龙混杂的地方，我有时候也会烦躁。邻居之间会有矛盾，公寓管理不到位也会引起住户们的不满，水表、电表有时候会倒着转，交房租的时候会发现水电费算得不对。住在我隔壁的一对小情侣每天都要吵架，把浴室的玻璃门都打碎了。我每天看着这么多琐碎的事情，第一次意识到，原来我是个讨厌麻烦也不爱管闲事的人。

无论环境如何，有住处就是好事，虽然小，至少也是独立的一间房子，不需要和别人共用一个卫生间。虽然有些吵闹，但关上门，别人家的事情也和我没什么关系，自己该忙啥忙啥，非礼勿视、非礼勿听。比起许多迫于无奈只能在离上班地点两三个小时路程的地方住，或者住合租房的北漂们来说，已经好太多了。

我在那里住了大概一年多就搬走了。搬走之前的几个月，大家听到消息，说这个公寓是违建，可能会被拆掉，周围的很多饭店也关门了，不像是道听途说的样子。于是大家就开始沸腾了，很多人每天聚在一起“开会”，猜测着如果拆了会给什么赔偿。据说还有人坑住户们的水电费，公寓里一时人仰马翻，每天都有人和管理员吵架，不停地有人搬出去，也有新的住户搬进来。

实在受不了嘈杂的我，决定再次搬家。找了一圈房子，最后找到一个不错的公寓。这家公寓刚刚开业没多久，是新装修的，我去看房的时候里面的家具还罩着塑料布，最主要的是，房间里有一个很大的落地窗。虽然比之前住的地方要贵，但我还是咬了咬牙，决定给自己换一个好的居住环境。在之后的日子里，我工资的一大半都被用来付房租了，每次付房租的时候我都会非常心疼我的银子，压力也变大了。或许我可以租一个小一点儿的房子，或者去合租一个老旧一点儿的房子，这样能减少不少开销。把省下来的钱存起来，以后还可以买房子，但我并不想省这个钱。

有的时候人是需要一些压力的，不然天生的惰性就会使人懒惰，如果什么都不用愁，做起事情来就没有什么动力了。为了维持现在相对安稳的生活，为了不会因为付不起房租而流落街头，哪怕是偶尔偷懒的时候，我的心里也会有个惦记，这让我不至于太过散漫。当然，我的生活开销并没有超出我的能力范围，我已经学会了过日子一定要量入为出。

一个人没办法改变身边的环境，但可以改变自己，让自己变得更有能力，能走进一个更好的圈子、更好的环境。生活的环境同时也影响着我们身边的交际圈、朋友圈，也会潜移默化地影响我们的思想和三观。我也终于明白了为什么孟母要三迁。在没有找到适合自己的生活方式的时候，人们总是会去模仿他人的生活方式，但是有些人那种看似有趣的生活，不一定是适合自己的。当一个人变得谦虚而优秀，就有机会见识到更优秀和更谦虚的环境，那他发展的机会也会更多，未来也会更加明朗。

说来很现实也很残酷，一个人的思想和见识决定了他的生活，他所受到的教育、身处的环境决定了他的命运。有时候，很多努力都是无用功，除非我们能改变自己，使量变达到质变。

每个阶段都会经历的迷茫

有人曾对我说，要靠自己过上想吃什么就吃什么，想买什么就买什么的生活。

还有人说，当你得到了现在想要的，就会想要得到更多，人的欲望是与生俱来的。

这两句话我都记住了，并曾经以第一句为目标而奋斗过，4年过去了，我勉强算是过上了想吃什么吃什么、想买什么买什么的生活。我没有再让自己居无定所，也没有再为一顿晚餐而发愁过。但我却并没有像第二个人说的那样，想要得到更多。

还有一种说法，当你过上当初想要的生活、拥有物质上渴望的一切时，随之而来的便是莫名的空虚。我以前从来没有这样想过，在吃不上饭的那段日子里，我有个几百块钱都开心得不得了，要是能过上物质上比较富裕的生活，怎么可能会空虚？

但是等真的到了这个阶段的时候，我才发现那是真的。我经常觉得生活没有方向、没有目标，真的挺空虚的。

现在我的生活稳定了，收入也稳定了，虽然生活在北京，房租的压力比较大，但也算能过得去。我想吃什么就吃什么，想买什么就买什么，要是看上了比较贵的东西，就攒几个月钱再买。不过我自己对物质也没有过高的追求，吃穿用也都不挑剔，女孩子喜欢买的东西，我一般都不喜欢。自从做过小买卖之后，我很多时候买东西会觉得不太值，成本多少钱、商家能赚多少钱，看一看心里大概就有个数了。但是真的遇到特别喜欢的东西也会买，也买得起，花自己挣的钱，买啥都开心。

但是怎么说呢，很轻易就能得到的东西，就没有那么期待了。

我小时候觉得会弹吉他的人很帅，一心想学，就用存了很久的钱买了一把破吉他，开心了好久，时不时地去上一次课，隔三岔五地练一练，等到终于能弹出像样的曲子时，就想要一把好一点儿的新吉他。那时觉得很贵，一直舍不得买，直到最近，有天晚上闲来无事，我想弹个小曲儿陶冶一下情操，觉得以前的吉他不顺手，就买了新的，弹了几下就收到了一边。心里想着，挺贵的，要不多弹弹，又觉得，哎，算了，反正是一直想要的，已经有了就无所谓了，啥时候来兴致了再玩。就这样想着，我之后很长时间都没再去碰那把“一直想要的吉他”。

前阵子为了早上能多睡一会儿，我买了一辆摩托车，提车之前要上牌照，加装一些安全设施。从买车到把车提回来的这几天，我心心念念的都是我的车。虽然只有俩轱辘，好歹是个烧油的，也算是自己给自己买的第一辆车了。我甚至梦到过自己骑着车在六环上奔腾。提了车之后，充量起步我就学了一个月，油离总是配合不好，动不动就熄火。对于这种可会可不会的技能，我没有那么执着，心想，实在学不会就算了，不骑了。又觉得好不容易给自己买了车，学不会就白买了。最后我还是坚持每天在停车场练车，一直到能正常起步不熄火。从买车到骑车上路，加上考驾照，我差不多花了 3 个月的时间，会骑车之后发现，还真的挺方便的。

技术不佳的我为了躲避早高峰拥堵，有一天清早 5 点就起床收拾，出门上班，在早上 6 点之前就到了公司，还跟朋友炫耀："你们看，我技术不好一样骑车上班。"回过头来再一想，我当初买摩托车是为了高峰期不怕堵车，为了上班方便能睡个小懒觉，没想到现在 5 点就起床，那买摩托车又有什么意义呢？

大概过了两个多月，我就不再骑车上班了。虽说 20 分钟就能到公司，但是找地方停车也要花上 20 分钟，汽车停车场不让停摩托车，要是像自行车一样随便停在路边也一样会被贴罚单。过了那个兴奋劲儿，我也就不再想骑了，周末偶尔骑车去菜市场，剩下的时间就看着我可怜的小车车，静静地停在角落里独自经受风吹雨打。我还是和买车之前一样，每天早起和困意做斗争，然后老老实实地赶班车上班。

一个朋友说，我的形象很难和机车联系到一起，也很难想象我这么懒的一个人，竟然喜欢骑车。其实，我买摩托车是想给自己买车，却又买不起汽车，骑摩托车是为了方便。新鲜劲儿过了之后，我是真的懒得再骑车了，加上冬天太冷，我可爱的小车车就被我遗忘在角落里了，可能等到天暖和了才会再骑出来。

买车之后我认识了很多“摩友”，和我不一样，他们真的很爱自己的车，冬天会穿上专业的装备，一年四季都会骑。我有点儿羡慕他们有自己真正热爱的事情。一开始我也认为，骑摩托会成为我的一个兴趣爱好，但是并没有。我的车也成了我在寻找人生理想时，不断尝试的新鲜事物中的一个。

不知道为何，在那些吃不饱的日子里，一块钱 4 个的馒头加上 2 块钱一斤的散称咸菜，我都觉得特别香，一把破吉他也能坚持练到手指都磨破。在很多年以前，一个月只有 800 块钱生活费的时候，我曾经喜欢上一个“很贵”的小钱包，其实也没有很贵，只是在那个时候，几百块钱都觉得很贵。最后，我终于用攒了很久的钱，把那个白色的小钱包买了下来。我还清楚地记得那时候的心情，那种得到前的期待，得到之后的满足。

当这个钱包丢了的时候，那种伤心和失望的感觉，直到现在我都记忆犹新。

之后也经历了很多事情，慢慢地，我的生活变得稳定了，也算是苦尽甘来。但奇怪的是，当我真的有能力去争取自己想要的东西时，那些曾经渴望得到的，却变得不再重要了。

生活怎么会这么奇怪，为什么呢？

未来，你想成为一个怎样的人？想做些什么事？这个看似俗套的问题是每个人都要面对的。人生其实很缥缈，我们很难说清道明，人生必须怎么做，未来的路到底如何走。也许你对未来有诸多期待，但想要的越多，越难以集中精力，反而容易止步于当下，陷入迷茫，所以，不妨做好现在。

失败的创业

没有什么爱好的我，在很长一段时间内只对挣钱感兴趣，不管是什么事情，只要不是违法的、不是伤害别人的事情，只要是能挣钱的，我都愿意尝试，估计是过去那段时间苦怕了的缘故。

现在的科技真是越来越发达了，互联网公司遍地开花，为人们的生活提供了很多便利。想要什么可以从网上买，快递小哥给送到家；想吃什么也可以用手机订，外卖小哥很快就会把热乎乎的饭菜送到你手里。各大外卖平台带动了餐饮行业，几乎所有的餐厅都开通了外卖平台。再早一点儿，外卖软件刚刚出现的时候，许多小商家并不需要付昂贵的租金去租一个商铺，只要找一个小厨房，就能送外卖。当然，后来管理严格起来了，这些小厨房就消失了，没有卫生许可证的店卖的饭吃起来也不是那么安全。

经过一段时间的考察，我决定和几个朋友一起开个餐厅。

计划开在写字楼聚集的商业中心，想着每天就算只给周围的上班族送外卖也不至于赔钱。不过很快这个想法就被证明是错误的。餐厅倒闭了，好在只是赔了几万块钱，没有负债，但我心里真的很难过。那些钱是我这些年辛辛苦苦攒下来的，还动用了弟弟的学费，心里很是过意不去。

开餐厅真是个辛苦活儿，从找店铺，谈转让，和物业周旋，奔波于相关部门办各种手续，到正式开业，大概用了一个月的时间。其间还有很多琐碎的事情，比如设计招牌、定制菜单、办理营业执照、联系外卖平台合作、计算成本和调查周边人均消费水平、给每一种菜品定价格，还有制定经营策略等，真是很辛苦。

不过 3 个月之后，餐厅就关门大吉了。这世上不存在没有意义的失败，每一次失败都有价值，比如你会看清一些人，懂得一些事，获得从事一种行业的经验。虽然亏了一些钱，但我觉得自己得到的东西远比开好一个餐厅要多得多，所以即使亏钱我也觉得没白干。当然，我这么想也是自己安慰自己，不然还能怎么办呢？

餐厅倒闭，说对自己没有打击是假的。当初我还是蛮有自信的，毕竟早些年自己做的那些小买卖都还算比较成功的，都挣到了钱。开店的时候我也是信心满满，虽然也向几位有经验的餐厅老板取过经，但是别人说的和自己经历的还是天差地别。觉得自己很成熟的这份自大，大概也是我失败的原因之一吧！

虽然我的餐厅只开了短短3个月，但开业当天朋友送来的大花篮，还有好朋友专门请假倒了很多趟地铁送过来的大红包都让我觉得很暖。人活着总是在不断尝试新的事物，最后找到适合自己做的事情。我创业的大部分原因，还是为了挣钱，但这次创业经历让我明白，不是任何行业都是自己能涉足的。餐饮行业干好了确实能挣到钱，因为吃喝是人活着的基本条件，大家都是要吃饭的。无论什么行业，在市场上出现之后有人赚到了钱，大家就会一窝蜂地冲上去做，希望也能挣到钱。但是真的去做了之后，才发现别人做了能赚钱的事情，自己做就不一定能成功。

和一个朋友聊起我做买卖赔钱的事情时，朋友给我讲了一个故事，她朋友的家人被骗走很多钱，这个朋友在后来的十几年里，一直帮忙讨债、打官司。我听了以后很惊讶，也觉得很可怕，这个朋友因为自己的一念之差，不光放弃了自己应该享有的人生，也迷失了自我。

有道是："人不敬我，是我无才。"虽然我有时也会觉得不公平：为什么自己吃了亏，还要往自己肚子里咽？但这就是人生。吃了亏就要讨回公道，被欺负了就要努力反抗，肚子里有气就要发泄出来。这也没错，谁都不愿意受委屈，只不过发过脾气之后总会有一些新的麻烦，留下一堆需要处理的事情。虽然人生是不公平的，但我们也可以从另一个角度去想，让吃了亏的自己也能很快乐。如果不把吃亏当回事儿，只是取其精华为己所用，那也就不需要往肚子里咽什么委屈了。

这段失败的创业经历，不光让我得到了从事餐饮服务行业的经验，也让我体会到了服务行业工作者的辛苦。

开餐馆之前，我去找过我爸，希望他能给我一些建议。很明显，他并不是很支持，但却什么都没有说。

事后，我问他："你是不是一开始就知道我会赔钱？"

他说："是的。"

我问他："你为什么当时不阻止我？"

他说："阻止不了，当一个人铁了心认为自己对的时候，谁也没办法。"

年轻人创业的时候，往往都是满腔热血的，想要打造属于自己的一番天地，而在创业的过程中，却会因为经验、能力的不足，被突发事件搞得焦头烂额，当热情逐渐退去，就开始质疑自己当初的决定了。

每个人都是在不断尝试之后，才找到适合自己做的事情。在此过程中，失败是难以避免的，没有谁天生就会成功。人生如此短暂，只做自己想做的事情就好了，失败了就总结经验教训，没有必要时刻抱着已经做错的包袱，在错误中迷失自己。

我们都是北漂

至今我已经在北京生活好几年了，也曾一个人从城市的东边搬到西边，从南边搬到北边，几乎把北京的每个区都住了一遍。不管是繁华市中心的老房子、老城区的房子，还是五环外的小公寓，我都住过。这个城市太大了，每个区都有不同的生活节奏。

北京南边房租相对便宜一些，生活节奏也比较慢。白天走在街上经常能看到大爷们在路边下象棋，大妈们在公园边遛狗边和街坊邻居闲聊。但到了下班的时间，地铁站的出口会一下子涌出数不清的人，有的背着双肩包，有的拎着文件包，有的扛着大包小包的行李。

老城区很安静，周围有很多家卤煮店和经典的北京小吃店，经常能看到大爷拎着鸟笼子从胡同里走出来，坐在小花园里，手里攥着两颗闷尖狮子头，一边晒着太阳，一边搓着手里的大核桃，时不时逗一逗自己的鸟儿，唱几句曲儿。

节奏最快的就是中央商务区和软件园了，不光周围的房租很贵，交通也非常拥堵。这里是很多年轻人创造奇迹的地方，很多实现梦想的故事都发生在这里，很多创业传奇也在这里上演。很多成功者在这里讲述自己的往事，激励更多的年轻人奋发努力，努力创造经济奇迹，创造文化奇迹，也创造公益慈善的奇迹。真的，这里很有活力，也很振奋人心。

这个世界，总会有美好的事物，尽管有时候显得稀少和短暂，但毕竟存在，如流星一样，让我们仰慕，也让我们满怀希望。

成功者毕竟是少数，大多数人还是要普普通通地生活和工作。高峰期的地铁站永远和春运一样，大家都要赶地铁上班或者回家。地铁上有各种各样的人，年龄、性别、工作都不同，大家唯一的共同点，就是脸上的疲惫。软件园附近的地铁站里，甚至连游走的乞讨者都没有地方下脚，更别提车厢里了。车厢里人挤人，不扶栏杆都不会摔倒。有的人说，进了地铁，脚不用落地，就这么被大家挤着可以悬空坐几站地。但是，如果没有点儿力气，很可能到了站都下不去车。

有一位已经出家的阿姨曾经跟我说过，到了一个新的城市，想要了解这个城市最真实的样子，就去坐地铁、坐公交，在那里可以看到人们最真实的状态。以前我没太在意，后来才发现，真的是这样。

在那段靠写作为生的日子里，我的一项重要工作就是四处游走，观察这个城市中形形色色的人们，写下他们背后的故事。北京的地铁、车站，成了我收集素材最好的场所。

有一次我在北京站坐地铁回家，已经比较晚了，但是依然有很多老人坐在广场上。有些老人在乞讨，有些老人在卖1块钱一瓶的矿泉水，有些老人在捡垃圾桶里的空瓶子，还有些老人坐在一边发呆，不跟人说话，只是坐在那里，脚边放着一个破碗或者破罐子，里面零零散散有几枚硬币。不知道他们有着怎样的过去、怎样的经历，让他们在本该安享晚年的岁数，却不得不风餐露宿，依靠路人的怜悯生存。

到了过节的时候，在车站、地铁站总是能看到很多穿着破旧的农民工背着大包小包，穿梭在人来人往的车厢里。这些辛苦谋生的外地人，本该在老家照顾孩子、孝养老人，却要为了生计背着沉重的背包奔波在他乡。

有的外地人背着大包，拿着手中的小纸条，在地铁线路图上艰难地找着自己要去的站名和路线。

在地铁站门口常常能见到一位穿着整齐的大叔拖着一个袋子，把捡来的塑料瓶踩扁，好往袋子里装下更多的塑料瓶。也能见到一位身材高大的中年男人拎着袋子，像是一个维修工。他穿着朴素，身体有些倾斜，拎着一个大袋子，里面不知道装着什么机器，看起来很沉。他慌慌张张地往地铁上挤，看起来很着急。那时我突然觉得，这些人原来都在拼命地赚取自己生存的资格，所以就拼了命地挤地铁，像是拼了命地活下去、拼了命地想把自己和亲人的日子过好。

到了高峰期，地铁里大多是上班族，有些人西装革履，却背着一个和服装不搭的背包；有些人穿着很光鲜，面色却麻木苦涩。

曾经见过一位残疾人，脸上有严重的烧伤疤痕，只有一条腿。他拄着拐杖在地铁上乞讨。这个人并没有放出很吵的音乐来引人注意，也没有挨个儿到人们跟前晃动手里的小碗，而是靠在车厢最后的角落里，手里拿着残疾证和一张纸。

纸上写了一些他家的情况。我依稀记得，上面印着一个小女孩的照片，看起来只有两三岁的样子，应该是他的女儿。纸上说她得了重病，没有钱治疗。因为我也是女孩子，所以宁可相信这个人不是来骗钱的。从上车开始他一句话都没有说，只是默默地靠在角落里，低着头，脸上充满了无奈和悲伤，还有一些害羞。我凭直觉相信他不是骗子。一位残疾人，遭遇了这么大的痛苦，还要把这些痛苦和无奈暴露在公共场所，接受别人异样的眼光，都是为了他的女儿。我看到的，只是一位无助的父亲。

当时我兜里只有几十块钱，就都拿了出来。当我把钱递到他手里的时候，他惊讶地抬起头，接着眼眶就红了。我也有点儿难过，就转身回到自己的座位上。他使劲点着头说“谢谢”，我只是点头回应了一下，看着他把手里的钱攥得紧紧的，在下一站的时候，拄着拐杖艰难地下了车。现在回想起来，我有点儿后悔当时没有留下那位残疾人的联系方式，说不定还能再帮他点儿什么。

社会上确实有很多人会骗人，会利用人们的同情心去牟利，我们的信心和信任都被透支得差不多了。但是，我宁可相信这些都是真的。万一，有真的呢？即便不是真的，靠欺骗活下去的人也可能会面临更大的苦难。

我想如果不是刻意留心过来来往往的人们，我也不会注意到，原来每个人都在为了生存而拼命。就这样，我在北京晃荡了很多年，坐遍了北京地铁所有的线路，每次看到这些就不觉得自己有多苦了，反而觉得很多事情都能过去。当我在为生活中的种种不满而抱怨时，想到在这个偌大的城市中，还有很多人徘徊在地下，就觉得自己真的没有资格抱怨生活。

人生，应该就是这样的。

关于爱情

大人一般不愿意跟孩子提这个话题，但是，这是每个人早晚都要面对的，谁能逃脱得了呢？无论好坏，都要承受。有人觉得爱情是甜蜜的，有人觉得爱情是痛苦的。有的人说世界上没有爱情，只有交换和依赖，有的人又认为爱情就是整个世界。青春期的少男少女们，都对爱情怀着美好的憧憬，期待收获一份真挚又纯洁的爱情，但大多又以失败而告终。

我把失败的原因，归于年少无知。

我猜想，校园时期的恋爱大概是一生中最美的。因为大家都还很天真，没有物质生活的压力，两个人在一起，只要开心就可以了，唯一要担心的，就是毕业后会不会天各一方。可惜，我没有机会经历。早些年还想过谈一场校园恋爱，后来就不想了，觉得没什么意思。身边有很多对情侣，上学的时候每天都在一起，出来聚会的时候也是甜得腻人，但几乎都在毕业时各奔东西了。朋友当中有一对模范情侣，两个人青梅竹马，从小一起长大，高中早恋在一起了，家在一个城市，大学也考进了同一所学校。我们从没见过两个人争吵，只要一起出来便时刻在给大家“撒狗粮”，所有人都以为他们毕业之后会结婚。

很不幸的是，毕业前夕却传来了两人分手的消息。在同一天里，两个人分别去了两个地方，目的都是找人倾诉失恋的悲伤。女生约了我出去吃饭，男生则约了另外几个关系比较好的哥们儿出去喝酒。

女生哭得很伤心，说男生不关心她，每天都在看电脑、打电话，跑出去面试，回家就往床上一躺，什么也不管，也不再制造浪漫，不再每天拿她当宝贝一样疼爱了。她泣不成声地诉说着两个人曾经美好的回忆和现在的变化，哭花了脸上的妆，怎么劝都没有用。

男生沉闷着一言不发，不停地把冰凉的啤酒灌进肚子里，在把自己灌醉之后，男生终于崩溃爆发。一个身高一米八几、平时喜欢耍酷的大男孩，在餐厅的饭桌上嚎啕大哭，丝毫不在乎自己的面子，更不在意周围人们的眼光。

男生说：“我没有办法，我想给她一个家，可是买房、买车都需要钱。我们两家都是普通家庭，以前从来没想过一起生活居然会有这么大的压力。我想找个好工作，只有拼命挣钱才能给她一个未来啊。”

就是这样，两个人的青春和爱情，都被现实狠狠地碾碎了。

后来这群朋友再聚到一起的时候，两个人再也没有同时出现过。听说，几年后男生有了自己的事业，带着车子、房子、戒指去向女生求婚，但女生拒绝了他，并告诉他，从此再也不相信爱情了。

在男孩心里，因为爱她所以想努力挣钱给她一个美好的未来。

在女孩心里，不希望他多有钱，只是想要他的陪伴。当然，这个想法可能也会变，也可能会随着时间的推移变成既希望有爱又希望有钱。

多年后两人再次见面时，谁都没有提起当初分开时有多难过，都只是笑笑，感慨自己曾经的不懂事。两个人并没有重新在一起，而是成了保持距离的朋友。

他们的经历让我意识到，我们是在遇到爱情之后，才慢慢地脱离天真，从感性变得理性的。怎么说呢，爱情使人成熟，成熟才能使爱情成功。如果当初这两个人都再成熟一点儿，也许会有不同的结局。

这是一个非常普通的爱情故事。

世上的爱情故事太多了，有的轰轰烈烈，有的平淡无奇，有的不欢而散。爱情电影通常在两个人结婚之后就落幕了，婚后的生活就不交代了，留给观众自己去体会。会是甜蜜幸福的吗？这个真的不好说。

身边时不时传来熟人离婚的消息，一个接着一个，谁谁离婚了，谁谁又结婚了，大家司空见惯。然后又传来谁谁恋爱了，谁谁分手了，大家也都习以为常。后来，又传来谁谁死了，大家惊讶地说："你没有搞错吧，上个月我们还一起吃饭呢。"然后张大嘴巴错愕地看着对方，表示完全不能接受，也不能理解。直到参加了葬礼，才确信那个人真的死了，在这个世界上消失了，没有了，永远没有了。

无论一段感情有多少剧情，当死亡来临时终究还是要分别。白天会变成黑夜，恩爱也会变成仇恨，一切都在变化。如果只是变化，那还好，不幸的是人生的恶化。我见过太多的情侣反目成仇，见过太多不幸的婚姻，双方争吵、打斗、冷战、相互伤害，毫不顾忌自己已经为人父母。他们不分场合地吵架，不顾孩子可怜的眼神，他们早已被痛苦折磨得面目全非了。他们相互仇恨又分不开，斗了一辈子，等到老了，斗不动、吵不动了，就在一个屋檐下互相仇视。我看过一则新闻，一对老夫妻，都 80 多岁了，老人家终于憋不住一生的愤怒，在家里杀了自己的老伴儿，然后叫来警察，说："这个人是我杀的，我早就想杀她了。"80 多岁的老人家却要锒铛入狱，在黑暗和仇恨中度过自己的晚年。

其实，每个人的心里都藏着一个人，也许是得不到的，也许是已经失去的；每个人的身边都有一个人，也许是真心在一起的，也许是凑合在一起，心却相距遥远的。就好比你上完厕所后还要回头看一眼再冲掉，因为那是你的排泄物。这个比喻比较粗俗，但是确实很贴切，人总是希望什么都是自己的，喜欢上一个姑娘或者一个男孩，就想这个人以后都是自己的。上个厕所都得回头看一眼，更何况曾经认为属于自己的人走了呢？但就算是你的，真的就是最好的吗？说不定是你的冤家呢？好吧，你终于“落网”了，这辈子就交待给那个人了。

一开始，我们希望这个人变成自己喜欢的样子，一言不合就不高兴，执着一点儿的就吵一架，婚后吵架严重的就闹离婚，再严重就动手、冷战，活到老，打到老。这年头为感情伤心的人太多了，大家都在想，这是为什么，为什么真心都得不到回报，难道这个世上就没有真爱了吗？原因其实很简单，我们爱的其实不是那个实实在在的人，而是我们心里想象的人，说白了，还是爱自己。从终点又回到起点。

痛苦终将离我们而去

人，从一生下来就伴随着痛苦。婴儿饿了会哭闹，幼儿离开父母会想念，等到步入少年，随之而来的则是成长的痛苦。孩子为父母的不理解感到愤怒，父母也为不知道如何教育孩子感到惆怅。不想上学的孩子希望自己快快长大，长大后却发现，亲人、朋友、工作、家庭……让人忧思烦乱的事情总是那么多。活下去的每一天里都有痛苦相伴左右。

10 岁之前的我，不为衣食温饱担忧，在看似快乐的童年里，也曾为不想上学而哭闹。当我过早地步入社会，开始面对生存压力的时候，也曾因为找不到归宿而不安。20 岁的我有了稍微稳定一些的生活，那些曾经认为自己活不下去的日子也都过去了，但依然还是会在某个时候或某件事情上感到痛苦、难过。

每个人的内心都有着轻重不同的痛苦，无论多大年龄、无论男女、无论什么身份，都有过独自一人在深夜的大街上徘徊、不知归处的时候。生活的压力让人喘不过气，心里的委屈无处倾诉。有苦难言的时候只能把自己紧紧地裹在被子里号啕大哭，呐喊着世界的不公平，为什么别人看起来那么快乐，难过的却总是自己。

我想过扔掉所有东西、离开所有熟悉的人独自远行，逃离这种让自己感到崩溃的生活；也想过毁掉全部，一了百了。人们寻找一切能够发泄内心痛苦的方法，只要能让疲惫的内心稍微喘口气儿，什么方法都愿意尝试。人的一生中经历过无数的痛苦，总有最糟糕的一次。我有时候也想，最难熬的那段时间都扛过来了，相比起来现在的困难又算得了什么呢？即便心里能承受的分量被生活锻炼得越来越重，但每一次哭泣时的痛苦依然还是那么真实。

但无论你今天正在经历多大的痛苦，当明天的日出来临时，依旧要面对那些逃不掉的悲伤，依旧要为了自由、为了快乐、为了改变生命而去继续挣扎。

每个人的生活都有自己的规律，也有自己排遣烦恼的方法。如果这一段时间的生活过得比较烦躁，我会想在接下来的一段时间里安排一次短途旅行，换个环境去放松一下自己；如果遇到了心烦的事情，我会想在晚上到常去的小酒吧喝上一杯；如果觉得非常疲惫，我会在周末躺在床上，一整天都不出门。

但这些看似有用的方法，其实都没有用，只是以放松身心的名义，去逃避不想面对的那些事情。我们看起来好像是在用一些消遣的方法解决心里的痛苦，事实却是离问题的根源越来越远。

有段时间过得很累，感觉很疲惫，生活中许许多多琐碎的事情，让人烦躁和备感压力。平日里我会对自己说，没什么，这都是正常的。但在积攒了很久之后，心里的委屈终于爆发出来，觉得活着真是太累了，越想就越难过，每天都叹气。

这种时候我一般都是找个人发发牢骚，也许会约朋友吃饭聊天，也许会给某个人打电话诉苦。但是大家都活得很累，无非就是一起抱怨生活，结果依然什么都解决不了。

好在我是幸运的，还有一个会把我的事情拿来认真思考的朋友。当一个人陷入负面情绪的时候，很难客观地看待一件事情。如果倾诉的对象只能和你一起抱怨生活，那你还是没办法从负面情绪中跳脱出来。

真正的好朋友很少说那些华而不实的话，也不会像哄小孩一样安慰我，而是会很认真地帮我分析现状，讨论以后应该如何去做。他们说的话，总是和我老爸说的一样。

那天我叹了口气，被好朋友看出来，就问我是不是累了。于是我就开始抱怨，北京生活压力好大，想换个地方生活。朋友想了想说："那也行，但是换个地方我觉得该累的时候一样累，不会有什么变化。想想以前也没少吃苦，最苦的时候，甚至觉得过完今天就没有明天了，但不也熬过来了吗？现在年轻，还能扛得住压力，等再过几年想扛都扛不住了。”

我不太喜欢随便和别人说心里话，遇到问题或者委屈，也不好意思跟身边的人抱怨。哪怕知道不是每个人都喜欢在别人背后捅刀子，但依然不太愿意和别人说太多，什么话都藏在心里，越藏越多，最后就受不了了。人大概就是这样一点一点陷入抑郁的吧！

但是在真正的好朋友面前，我却是个话唠，什么都愿意说，也愿意听他们说话。这大概出于对一个人的信任吧，因为心里清楚地知道，他不会害我，潜意识里对他没有戒备，所以他和我说的话，我总是能听进去。说的不对就反驳，说的对就采取。

所以，人生在世，一定不要伤害你的好朋友。我非常庆幸，在我身边还能有好朋友，在我陷入烦恼的时候，能一把将我拽出来。老爸平时讲的大道理，在我感到困惑、心情比较平静的时候，还能很认真地听进去，但是在烦躁的时候就不行了。真正的好朋友总是能一下就说到我的心坎里，一下就能让我从感性的思考切换到理性的思考，从客观的角度去看待自己当下遇到的问题。

从出生到死去，人的一生处处伴随着痛苦。当然，开心快乐的事情也很多，但相比之下，痛苦的时间会更长一点儿。每一次都苦到心碎，每一次都真真切切，每一次都觉得撑不下去了。我们拼命地想去改变环境，想让自己好过一点儿，却因为找错了方向而变得越来越痛苦。人生中的一切痛苦，都来源于人们的执着和放不下。

好比失恋的人想要拼命挽回自己的爱人，想让对方留在身边，因为承受不了失去爱人的痛苦，放不下在一起时的美好。但是如果真的爱一个人的话，一定希望对方能够开心、快乐。无论是不是在自己身边，只要对方过得开心，自己就开心。

遭遇背叛的人，会惋惜自己付出的感情。曾经视为挚友的人，却在背后狠狠地摆了自己一道，你也许会用一句“看错了人”来安慰自己，也许会为了出口气去报复，但无论如何，都不能驱散内心受到的伤害。

我们放不下儿时最喜欢的布娃娃，放不下过年买的新衣服，放不下金钱财富，更放不下七情六欲。如果说只有放下一切的一切才能够得到内心真正的快乐，那真是太残忍了，那是多么难以割舍的事情啊！

不过，也许真的有人能做到吧！至少我知道有人是在这样努力做的，我爸爸就是。也不知道他干得怎么样了，我这么多年都在盼着他能给我露一手呢！

他那样的人，还是少数，我只好退而求其次，看淡一点儿了。把人生看淡一点儿，把伤害看淡一点儿，把痛苦看淡一点儿。从内心深处改变对这世上所有坏事的看法，慢慢训练自己的内心，变得不再愤怒、不再忧伤。

即便是这样，其实也是很难的，真的，但我还是相信世界上真的有让内心变得快乐的方法。

既然命运可以通过自己的努力去改变，那么人心也是可以改变的，可以快乐，也可以不快乐。心情好的时候，吃苦也快乐；心情不好的时候，吃什么都不快乐。因为父亲，我相信，总有一天，所有的痛苦终将会离我们而去，就算身处人间炼狱，我们也要拥有一颗快乐的心。

生命，真的会像我爸爸说的那样，只有快乐，没有悲伤，什么都不需要依赖。我们不需要期待，不需要追悔。一切的痛苦都将随风而去，永不再来。

一味抱怨痛苦的感受并无济于事，痛苦过后认清自己，仍然保持痛苦中的坚韧，才是最重要的。

伍

时间让我长大，经历让我成长

刘小呆和刘二柴

“刘小呆”是我养的第一只松鼠的名字，我给它起了这个名字之后就一直这么叫着。不知道从什么时候开始，“刘小呆”变成了我的网名、笔名。慢慢地，连身边的人也这么叫我了，时间久了，我连小票上的签名也会写成“刘小呆”，到现在，除了家里人会叫我“然然”或者“真然”，大家几乎都叫我“小呆”。刚入职的时候同事都叫我的大名，感觉怪怪的，有时候同事叫了我半天我都反应不过来，然后恍然大悟，原来是在叫我。“刘小呆”这个名字有什么意义，我也不知道，可能是一种习惯吧！

我第一次养松鼠是因为做了一个梦，梦到一只松鼠站在我的肩膀上啃核桃，第二天就跑去花鸟市场买了一只松鼠回来，养了半年它就跑丢了。那是我第一次自己养宠物，也是第一次知道身边有一只活蹦乱跳的小怪物陪伴有多暖。第一只小呆跑丢的时候，我一个人哭着找了一晚上，差点儿就上树了，但还是没找到。后来每次经过它跑丢的地方我都会叫上几句。

第二只松鼠是我养得最肥的一只，养了半年又丢了。第三只死掉了，我一个人哭着跑到附近的小树林里，拿勺子挖了个坑，把它给埋了。然后我就养了第四只小呆，也是这3年来一直陪着我的小呆。

第四只小呆是从开宠物店的朋友那里抱来的，听说鼠妈妈生下小宝宝就生病死了，一窝生了5只，死了3只，只剩下小呆和另外一只小可怜。第一次见到小呆的时候，它还是粉嫩嫩的，身上只有一点点毛，没睁眼。朋友说："你要是能养就抱走吧，但是做好心理准备，不一定能养活。"我犹豫着，伸手去摸这两个小可怜。小呆闭着眼睛蹭过来把脑袋贴在了我手上，那时我就认定，就是它了，怎么都得把它养活了。带回家之后我每天都把它揣在怀里，隔三四个小时喂一次奶。小呆半夜饿了就会叫，我就要起来喂它，每天都睡不好觉。没睁眼的小松鼠总是窝里拉、窝里尿，我还得不停地换洗它的小窝。那时候我每天上网研究怎么才能养活它，想来养个孩子也就是这样了。好在小呆还算给面子，平平安安地度过了20天的危险期，慢慢地长大了。

那时候我的生活还不稳定，经常到处跑，居无定所，所以小呆从小就跟着我四处奔波，也经常北京、天津来回跑。因为没有固定的住所，也没有条件给它买大笼子，所以我去哪儿都带着小呆。坐高铁的时候，松鼠小呆就在我的包里睡觉。我穿一件肥大的外套，过安检的时候把小呆揣在怀里，等过去了，再放回包里。还好，小呆很配合，所以每次都能“偷渡”成功。出差住店的时候，白天我出门办事，小呆就自己在房间里玩。有一天晚上回去，我发现它不见了，找了一圈，原来它自己钻到被窝里睡了。

小呆是只难得好脾气的松鼠，可能是从小养大的缘故，也有可能是因为叫小呆，它总是一副呆呆的样子，怎么抱都行。春天的时候，我带着小呆出去郊游，别的松鼠都爬树，我的小呆就趴在我身上，享受一路的风景。

别看松鼠这么点儿个小脑袋——还没核桃大，其实很聪明的。有一天早上它睡醒了无聊，叫我起床陪它玩，我不起，它就钻到被窝里啃我，被我一脚踹下床之后，冲过来站在我脑门上撒了泡尿。还有一次，它偷偷往我放在床头的杯子里拉了几颗屎。杯子里是可乐，我喝的时候觉得味道怪怪的，还以为是放的时间长了没气儿了，等都喝完，才看见杯底有几颗屎，我就这么喝了一次“松鼠屎泡可乐”。养的时间久了就知道，动物是有感情的，只不过它们表达的方式我们不太好理解。

这个小东西已经3岁了。小呆陪我经历了很多，生活的变故、感情的波折，从好到坏再到好。我搬了很多次家，折腾来折腾去，丢了很多东西，少了很多朋友，但小呆总是在我身边，蹦来蹦去。

刘二柴是一只土拨鼠。因为朋友家里养了一只，我看着很可爱，想想自己目前的生活还算稳定，能照顾好它，就也养了一只。然后我就发现自己养了一只鼠狗子。土拨鼠的性格像小狗一样，黏人、聪明，每天下班回家我都会看到二柴摇着尾巴冲过来，然后在我脚边翻肚皮打滚。无论我在做什么，它都要跑过来要摸摸、要抱抱。和二柴不一样，小呆喜欢在远处偷窥我。所以到了周末，最幸福的事情就是我坐在沙发上，小呆趴在旁边，二柴趴在我身上，一起懒懒地睡个午觉。

老爸总是担心我会玩物丧志，但它们对我来说已经是生活的一部分了。这么多年陪我走过大风大浪的，正是这些脑子还没核桃大的小东西。最惨的还是小呆，穷的时候陪我睡过网吧，陪我坐公交跨越过整个北京城。我没钱给它买松子，只能买5块钱一斤的瓜子，好在它一直是健健康康的。

这么多年一路走来，也真多亏了小呆和二柴这两只小傻瓜的陪伴。有的时候人还是需要有点儿牵挂的，不然去哪里找动力呢？很多次我遇到挫折想要放弃的时候，想着自己还有它们要养活，就只好把委屈咽下去，继续埋头奋斗。

也许这就像是一个父亲为了孩子和家庭，顶着压力和艰苦还要奋斗吧！当生活逐渐稳定之后，我不仅养了二柴，还养了很多只松鼠，出门久了我会惦记它们，有人把这个状态称为缺乏安全感。想想是真的，也许是因为在一起经历过生活的种种坎坷，自己养的宠物也变成了自己的精神支柱。人活着总要为了点儿什么。虽然已经在这世上活了20个年头了，但我对未来的生活至今依然没有什么明确的目标，无非就是想多挣点儿钱，给自己稳定踏实的生活。

活在这个世上，每个人都需要存在感，无论什么人，都希望被人需要。成年人可以在很多事情上找到自己的存在感，正常家庭的孩子可以在学习、考试中找到存在感，但对那时一无是处又是个孩子的我来说，只有在小呆身上才能看到自己那微不足道的价值。因为至少对于它来说，我是必不可少的。

这么多年过去了，我身边的朋友换了一批又一批，周围的环境也在变个不停，和男朋友总是分分合合，距离谈婚论嫁还太早。人生无常，身边的一切都会变，我们无法预测明天会发生什么，但是至少刘小呆和刘二柴，在它们的生命走到尽头之前，都会陪在我身边。人可以有很多朋友、很多亲人，但对于宠物来说，它们的一生中就只有一个主人。就像它们依赖我、需要我去喂养才能存活一样，我也能在它们身上寻找到自己的存在感。

“姑娘要靠自己过上想吃什么吃什么，想买什么买什么的日子。”这句话一直被我当作目标而奋斗着，现在我也算是做到了，毕竟我在物质上并没有太多的需求。

想吃什么吃什么，想买什么买什么——听起来还蛮简单的，但是，没经历过的，就真的不知道，那是一件很难做到的事情。

我现在的生活也算比较稳定了，没有太大意外的话大概会平平淡淡地往好的方向发展，或许也会变糟糕，会失业，会没有收入或者因收入低微而再次漂泊。

不过，我还是想开了，生活也好，感情也罢，都顺其自然就好。以后还需要自己去努力的，除了养好自己，就是作为陪伴我的报答，好好地照顾我的小呆和二柴，因为它们需要我。我不知道这个世界上还有谁需要我，如果有的话，我也愿意照顾他。

小动物好像有一种神奇的力量，总是能给人带来慰藉。不管今天过得多么疲惫，回到家看到一只圆圆的大毛球扭着屁股跑过来迎接自己，心里的疲劳好像一瞬间就不见了。人们对动物的感情和爱情不同。大多数宠物的一生中，除了吃、喝、睡，就只有主人了。无论养什么动物，对于它们来说，主人就是全世界。我能理解为什么那么多人喜欢宠物，因为它们忠诚，相比之下，人太滑头了，想法太多，选择太多。

每到冬天，我都会担心那些野生的松鼠们熬不过寒冬。正因为我养着奇奇怪怪的小动物，所以当我看到人类去捕杀动物的新闻报道，就会很心痛。听朋友说，北方的大山里松鼠泛滥，当地人就会去山上打松鼠，以很便宜的价格卖给烧烤店。我常常想，如果我家的松鼠被人抓去，剥了皮做成肉串，那得是多么恐怖的画面。我不是素食主义者，也不是慈善家，只是看到那些和自己家的小动物一样的生命，被人类做成食物端上饭桌，心里就很难过。

养狗的朋友一定接受不了有人吃狗肉，同样地，这世界上把各种动物当作宠物去养的人，都接受不了某一种动物被宰杀。我曾经和一个爱吃狗肉的朋友很激烈地讨论过这个问题，他的主张是，人类进化多年才站到食物链的顶端，低等动物就应该被人吃。这个理论没有错，只要人类想吃，什么动物都可以成为食物。但是从人性的角度来看，是不是应该对动物多一些怜悯呢？动物的心比人类单纯善良得多。我在书上看过，海豹如果在冰雪中看到躺着的人，就会爬过去靠在人的身上，希望用自己的体温把人救活，而人类却利用小海豹的善良，在雪地里装死，等待小海豹爬过来，抓住它，剥皮，吃肉。

这样的坏人坏事还有一大把，有的人愤怒，有的人觉得无所谓。在这个世界上动物的数量太多，只有稀有动物才能够得到保护。有的地方某一种动物泛滥，破坏了庄稼或者是侵犯了人类的生存环境的时候，就只能被猎杀。即便保护狗不被宰杀的志愿者那么多，每天依然有大量的狗被做成菜。这些都是没有办法的事情，再心痛也无能为力。许多动物也因为自己的肉并不好吃而得救了。很少听到有人把宠物猫拿来吃的，因为据说猫肉是酸的，并不好吃。狐狸的肉也不好吃，却因为身上的皮毛被人类看上而招来惨祸，被剥皮做成皮草。一件皮草大衣的代价是几十只狐狸的生命，穿在身上，有什么意义呢?

没养过宠物的人，可能体会不到动物也是生命，也有情感。

一位养狗的朋友说，自己家的狗，抛开感情，如果真的要吃的话，会有点儿恶心。想想看，家养的狗狗要打那么多次针，谁知道人吃了这样的肉会不会生病，外面没有打过针的流浪狗身上又有多少病菌。就算自己不养狗，也不敢吃。

我知道我没有资格去评判别人吃肉对与不对，但是，我总觉得这种做法是不合理的。

一直以来，大家都在追求味觉上的刺激，生活越富足，对口味的追求就越挑剔，各种奇奇怪怪的小动物都成了餐桌上的食物。网上经常有人调侃说，没有什么东西是人不能吃的。我觉得，还是放过那些野生的小动物吧，它们身上没有多少肉，也不知道有没有携带病菌，吃了不一定对身体有好处。我只是希望看到这段文字的人们，能够多少有所感触，至少能够尽量不去吃那些宠物和所谓的野味。如果未来有一天地球上没有动物了，那就意味着在人类最孤独的时候，没有了真诚陪伴的动物朋友，只有人类自己存在于世，那是多么可怕的事情啊!

二柴来到我身边的时候，我的生活和收入都已经稳定很多了，至少不用再四处奔波了。不过，二柴还是跟我一起经历了又一次搬家。

说来我也是运气好，养了二柴没多久，突然有一天我在一个视频 APP 上发的短视频火了，二柴就变成了一只网红土拨鼠。不到一个月的时间里粉丝数超过了 40 万，也收到了经纪公司的签约邀请，有了报酬。

我的土拨鼠刘二柴，开始赚钱了。工资不低，不仅能满足二柴和小呆的日常开销，还能补贴我的生活开销。之后我也陆陆续续地收到了许多网站、视频 APP 的邀请，有腾讯、新浪、百度，还有许多小视频公司。

说实话我感觉自己并没有什么特长，就是会写点儿文章，所以自媒体做了这么多年，文章稿子也写了不少。我原本的计划，是把自己推广出去，不说变成名人吧，能当个小有名气的 18 线作家，有稿费挣，就很知足了。没想到的是，最后我出名是作为一只土拨鼠的经纪人。

现在回想起过去做的很多事情，做微商的时候，赶上了微商潮流第一波；做自媒体的时候，赶上了各大网站力推原创文章；现在二柴火了，也是赶上了新一波的短视频热门。看来做事真是要顺势而为才会省心省力。

真爱是什么

有一次，我和老爸聊到婚姻，他对我说："爸爸可以很负责地告诉你，不要相信男人说的爱你。"

我问他："那世界上就没有真爱了吗？"

老爸说："有的，但不是男女之间的爱。"

关于"真爱"这个词，我思考了很久，某一天突然悟到了老爸这句话的意思。男女之间的爱情，可以是冲动，可以是缘分，也可以是长久形成的习惯，但绝不是"真爱"。因为人们总是会对另一半有所要求，比如：

我希望我的男朋友只爱我一个人；

我希望我的女朋友能更温柔、更体贴；

我希望我的男朋友关心我，照顾我；

我希望我的女朋友能更成熟、更独立。

人们心里爱的那个另一半，依然是自己心里想象的那个另一半。

其实所有人都很清楚，不管谈恋爱的时候多么甜蜜幸福，在结婚之后，所有关于爱情的幸福，都会被琐碎的生活磨灭。一个人身上肩负的生活压力，都会在结婚的那一刻，从一个人的压力，变成两个人、两个家庭的压力。即便这样，人们到了一定的岁数，还是会选择结婚成家。有多少婚姻是因为爱情，又有多少是迫于无奈呢？

或许是觉得，在一起这么久了，该给对方一个结果了。

或许是觉得，自己到岁数了，也该成家安稳地过日子了。

或许是因为，父母年纪大了，想抱孙子了。

又或许，只有很少一部分人，真的是因为彼此相爱，才选择一起走进婚姻登记处。

可能性有很多，但无论是哪一种，我想不一定是因为“我真的爱站在我对面的这个人”。因为人是自私的，永远都会在心里对别人提要求。

我个人对“真爱”的定义，是“无私”的爱。

我和我的男朋友在一起 5 年，其中分隔两地 4 年多。在经过多年的互相伤害之后，我们终于长大成熟，感情上遇到问题也能够很轻松地解决了。但正因为多年来的异地恋，不管是我还是他，都经常会在遇到困难时没办法彼此分担。彼此考虑更多的是，因为没办法一个电话就马上出现，在遇到糟糕的事情时就不想让对方也一起跟着心烦。但明明是为了对方着想，却因为距离，很容易让对方误解，以为有什么事瞒着自己。

女孩是敏感的，越是看不见对方，就越爱胡思乱想。遇到委屈的时候，也会抱怨："别人的男朋友都怎样体贴，而我的男朋友却不知道在哪儿。"我也曾经因为这种小女生的矫情和他吵过架。这种时候，男孩往往会觉得是女孩在无理取闹。这就是男女不同的地方。明明你是因为想念才去和他犯矫情，他却搞不懂你想干什么。也正是因为我们总是"希望"对方去如何如何，才会变得敏感、焦虑，经常发脾气。

我们从车马很慢的时代一路走来，没有苹果手机、没有微信、没有高铁，虽然只相隔 800 千米，却因为没有钱、交通不方便，见一面难上加难。手机没有视频功能，太久没见面想要看一眼对方，还要跑到网吧，找一台装了摄像头的电脑，才能在电脑里看到对方被低像素摄像头拍出的模糊的脸。

异地恋真的很辛苦，有时甚至让人绝望。很多人不能接受异地，很多人因为异地而分开，也许两个在一起非常合适的人，就这么生生地被现实拆散了。曾几何时我也想过，如果在未来我们因为分隔两地不得不分开，我也真的无能为力，那种感觉真的不怎么好。

早些年的异地恋，真的是一旦删了电话号码，就再也找不到这个人了。莫名的执着，让那时候的我常常感到不安，因为自己的爱人见不到也摸不着，总是会胡思乱想，一个电话没接就要去揣测他在做什么。我慢慢变得疑神疑鬼，对他越来越不信任。其实他一点儿都没有变，是我的胡思乱想让他越来越有压迫感。最终的结果，就是分手。过了一段时间，两个人又觉得放不下对方而和好了，后来又因为一些无名的是非再次分手。如此反反复复，分分合合，纯粹就是一种精神折磨。

我们总是想把自己认为最好的东西送给我们爱的人，但那些只是我们自己认为好的，别人不一定那么想，硬塞过去反而会成为对方的负担。有一天他对我说："其实我一开始没有喜欢上你，但是相处时间长了，你什么都惯着我，我不自觉就被你感动了。但是你这样无时无刻的关心，什么时候都在看着我，让我觉得有压力。"那时候我才发现，只是我一厢情愿地以为，如果我的眼里只有他，他也会只注视着我。事实上不是这样的。每一个人的心里都有各自的世界，随着年龄的增长，阅历、生活经验的增多，感情也在变化，没有人会永远只在乎某一个人。

每一次分手我都会思考，爱情为什么这样复杂。直到有一天，我突然发现了另一种对待恋人的方式，就是放下自己对一个人的执着。我希望他对我如何如何，当他没有做到我想要的那样时，我就会感到痛苦。这种让人心碎的痛苦，本身来自于我自己的妄想。每个人都是独立的人，怎么可能做到你想象的那样呢？同样，对方也会对你有要求，希望你做到他喜欢的样子。这才是导致爱情变质的根本原因。爱情在一开始的时候都是美好的，那时谁都不会去在意对方的缺点，满心满眼都是他的温柔体贴、她的单纯善良。当热情退去，两个人的爱情开始走进生活，就会在遇到那些琐碎的问题时出现意见不合，都希望对方按照自己的想法做，谁都不想退让。僵持久了，即使有一方勉强妥协了，也会在心里系上一个疙瘩，为将来的分手埋下伏笔。正是因为自己的要求越来越多，才会看对方越来越不顺眼，觉得对方变了，变得没有当初那么爱自己了。

最后一次，我们分开了一年。这一年里，我把精力放在更多事情上，更多让自己变得更好的事情上。我开始工作、学习、挣钱、写文章，偶尔参加公益活动，偶尔到附近的城市散散心，让自己的钱包和思想都富有起来。养了几只松鼠，后来又养了土拨鼠，工作朝九晚五，回家有宠物陪伴，每天都过得很充实。

再次见面的时候，他说我长大了。这一次重新在一起之后，我不再对他有要求，也不会每天都想他在做什么，更不会像以前那样怀疑、揣测他说的话。因为在过去的那些年里，我清楚地意识到，如果一个男人想骗你，任你是福尔摩斯，也会被他骗到。他不在我身边的时候，我学会不问、不听、不管。不问他去哪里、跟谁在一起，也不听别人怎么说他，更不管两个人在一起以后会怎么样。

有朋友问我："就不怕男朋友出轨吗？"

我说："不怕。真的爱一个人，就是希望他能过得开心，如果他和别人在一起更开心那也很好。”

朋友说：“你这是歪理邪说。”

我说：“也不是，就是折腾了这么多年，学会了尽量放下执着。

“当我自己变得越来越独立、成熟的时候，我发现他对我的态度，也不像以前那样只当我是个小孩子了。

“当我不再对他有要求的时候，他反而变得更关心我的生活。

“当我不再时时刻刻依赖他，他却更希望我遇到问题告诉他。”

朋友说：“你什么都不要求也不执着了，干脆彻底分手算了。”

我说：“我依然是个俗人。虽然最难、最苦的日子一个人也扛过来了，现在我一个人也可以过得很好，但我还是希望和我爱的人在一起。为了让彼此不再孤独，我们在一起的时候都是开开心心的，并不是物质上的需求得到了满足，而是精神上有了寄托和依靠。”

只要对方过得开心，自己也会觉得开心，这不就是真爱吗？我想，这世上唯一存在的真爱，就是不计回报地付出。无论是对亲人、朋友，还是爱人，不去执着、不去要求，不用自己的观点去对他人做评判，生活中就不会有争执带来的烦恼。

我学会了多说“好的”“可以”“听你的”这三句话，就像神奇的咒语降临一样，生活变得越来越简单。

比起嫁给爱情，还是嫁给自由吧

现在的我，还没有想过要嫁人。人们都说，每个女孩都应该有一场盛大而浪漫的婚礼，但每一次参加朋友婚礼后，我都觉得结婚是一件很麻烦的事情。结婚前，两个家庭为了房子、车子、以后的孩子这些问题头疼个不停，筹备婚礼时两个人因为婚礼的现场应该如何布置、亲朋好友的座位应该如何安排发生争执。在我看来，这些琐碎的事情，无一不是在消耗恋人们心里对对方的爱。

我见过许多因为金钱而破碎的感情，离婚前还要为了财产争执一番，曾经在一起的甜蜜好像都是在演戏一样。女人觉得自己付出的青春和感情需要回报，男人觉得你不仁别怪我不义，曾经海誓山盟的夫妻，从此一拍两散，反目成仇。

这些事情见得多了，我对婚姻也就没有什么好的印象了。就连身边刚刚在一起热恋的小情侣，都会因为许多无关紧要的事情争吵个不停，让我总是觉得感情、婚姻都太复杂。

但其实仔细想来，所有的争吵、所有的矛盾，也都是因为每个人内心的执着。感情也好，婚姻也罢，其实都不复杂。少一点儿执着和妄想，少一点儿对他人的要求，一切都会变得简单很多。

我身边还有非常多的例子。一对情侣共同生活了几年，准备结婚，两家却因为买房、买车、嫁妆、聘礼这些事情争执不停。闹到最后实在寒心，两人各自伤心、各自在背后抱怨对方之后，就分开了。

还有一对朋友，婚前买房子时，一方出首付，另一方出装修费用，两个人一起还贷款。有了孩子之后，女方在家带孩子，挣钱养家、还贷款的担子就落到了男方的身上。后来把父母接过来照顾孩子，两个人继续共同奋斗。但随之而来的就是婆媳矛盾，女婿和丈母娘也不太融洽，后来也是闹啊闹，心都碎了。

当然，也有平静过日子的，但终归少不了争吵，总之，家家有本难念的经。

虽然现在大家的思想开放了，不再认为女人只为结婚生子，但在日常生活中，女人还是有生孩子、照顾家庭的传统责任，男人依然处在比较强势的位置。

每个家庭里，独生子女都被父母当作宝贝一样养大，有女儿的家庭，当然希望女儿能嫁给一个可以满足她物质生活需求的丈夫。这让现在很多女孩子，没有公主命却得了公主病。真的，不是我悲观，就我这些年观察，独生的“公主”嫁给贴心的、忠诚的、有钱的少爷，这个概率实在跟中彩票一样渺小，大多数都是凑合着过的，不被气到半死就谢天谢地了。有儿子的家庭，希望娶一个知书达理、温婉贤惠的儿媳妇，希望这个儿媳妇既要照顾老人，又要照顾孩子，还要照顾老公，更要会赚钱。依我看，恐怕根本就找不到。

不知道谁定下来的规矩，男人打拼挣钱，买房、买车时，很少有人想要一个女人来一起负担经济压力。但大部分的女人，则希望男人来帮自己分担压力，甚至还有人觉得，干脆全部准备好，自己享受就行了。

这就很矛盾了，不是吗？男人们会说，我们男人在外面挣钱养家，每天顶着天大的压力，女人管好家里的后勤不是应该的吗？女人们又会说，我嫁给你，付出了青春，给你生孩子，你挣钱养家、给我钱花不应该吗？

这样的婚姻不是爱情，而是自私的欲望。在我个人的爱情观里，婚姻不应该夹杂任何附加值，结婚更不是满足物质需求的目的和方法。

但是，平心而论，有几个人能够摆脱这个大家都很熟悉的怪圈呢？

有一个朋友跟我说过，小姑娘为什么要那么辛苦地自己在外面打拼呢？不如学学做饭、做家务，把自己打扮得漂亮点儿，到岁数直接找个有房、有车的人嫁了，就啥都不用愁了。结婚以后再多学点儿与丈夫相处的手段，把老公调教得服服帖帖，才是个成功的女人。

听到这番话之后，我思考了很久，觉得不对，但又不知道哪里有问题。

直到我认识了另外一个朋友，才发现，这条路不太靠得住。这个朋友为人处事都很好，家庭条件一般，长相不错，学习不错，大学考到北京，毕业之后找了一份不错的工作。本来可以在事业上好好发展的，但在工作期间，她因为相貌出众被上司看中，于是上司就开始发起包括金钱在内的很多攻势追求她。一个普普通通的女孩子，没有社会经验，也不懂得男女间的这些事到底有多复杂，一下子被突如其来的爱情冲昏了头。但是很快，上司就把她甩了。

她在无奈之下辞职，此后的人生轨迹都变了。内心的痛苦无法化解，也影响到了工作，过惯富裕生活的她再去过朝九晚五、苦苦数着钱过的日子也适应不了了。慢慢地，她又交了新朋友。很长一段时间我都没有她的消息，后来和她一起逛街的时候，她随手买的一件衣服的价格就是我一个月的房租，挑选的首饰，动辄上万。我真心地祝福她能永远这样过衣食无忧的生活。

直到有一次，她满眼乌青、满身伤痕地出现在我面前。了解情况后才知道，原来打她的是一个老板的妻子。然而她却无力反驳，因为那个老板在追求她的时候告诉她："我是单身，我和我老婆早就离婚了。"那天的她非常非常伤心。

后来我才了解了一些内情，原来她自己也知道这些事业有成的男人未必靠谱，但是物质的诱惑太大了，靠自己努力和奋斗还是太辛苦了。虽然交往的时候她也不是很情愿，内心也没有太多的快乐，但是，毕竟可以有个靠山，只是这个靠山很快就塌了。

如果有一天我要结婚，我希望不是因为物质，也不是因为需要被照顾，更不是因为那句所谓的"女人迟早要结婚生子"，没有任何理由，只因为我自己想要体验和感受生活。

如果有一天我要结婚，我会嫁给一个让我愿意为他付出"真爱"的人，没有任何附加条件，只要在一起彼此看着顺眼。

如果将来谁看谁都不顺眼了，那就分开，尽量少牵扯物质问题，不要让婚姻成为物质的附属品。不去要求对方，就不会给自己添烦恼。不管是结婚，还是离婚，内心都会是快乐的，至少不会那么揪心。

每个姑娘都希望被照顾。再强大的姑娘，始终都只是个姑娘，不管她在人前多么强势，总会有独自落泪的时候。我希望牵动每个姑娘苦乐的，不再是所谓的感情，或者一个男人，或者财富。

我希望每个姑娘，包括我自己，都能把婚姻当作一个选择，而不是必需。

做一个内心自在的人，现在遇到的每一分痛苦，都是为了在未来的某一天嫁给我们期待已久的自由。

一个姑娘的现实

我身边不少人都说，现在的姑娘都太现实了。

好多不仅现实，还很能干，尤其是“混迹”在一线城市的姑娘们，一点儿也不比男人差。从理论上讲，多数姑娘都想当个大小姐，被人哄着、宠着，但生活中，大多数人还是要靠自己，洗衣、做饭，打扫卫生，自己找工作，自己租房子搬家。收拾房间，1.8 米的大衣柜都能独自挪好几个位置，生了病也要顶着 40℃的高烧自己打车去医院输液。

说白了，都是被生活逼出来的。

不过，再独立、再牛，在房子面前都要低头。租房子多么糟心啊，也不安稳，不知道什么时候房东会涨房租，也不知道什么时候就要从现在住的地方搬出去，四处找房、搬家，真的是一件很让人伤心的事情。

如果能有一套自己的房子，至少可以省掉四处奔波的麻烦，但那样又要顶着房贷的压力，成为“房奴”。

我也不知道为什么，总觉得把房子作为衡量幸福的标准有些奇怪，但是现实就是这样，让人无奈。

很多年前，我就觉得买房子不是一件重要的事情，租房子住也很好，想去哪里去哪里。后来这个想法改变了，房租一直在涨，出租中的房子又贵又破，但即便如此，也是一房难求。搬家很简单，租房子很简单，但是找到一个便宜又干净的房子，真的很难。在寻找出租房的过程中经过无数次叹息之后，我终于意识到：如果我以后不像老爸一样出家，迟早还是要为了买房子去挣钱的。

但我总是在幻想，是不是还可以有第三个选择？如果没有，生活的意义到底在哪里呢？

多年前，我曾和过去的一位老师聊过这个问题。我对他说："我没有什么理想，就想买个小房子，过个小日子。"

他笑了笑对我说："我觉得你可以买一个庄园，再去过小日子。"

我说："但是我买不起庄园，连棵树都买不起。"

他说："如果你以买个庄园为目标，那在实现这个目标的过程中，自然能买得起你想要的小房子。"

老师的话，我仿佛听懂了。

后来，我决定在未来买一座岛。当然，不是真的去买岛，而是在自己的心里存放一个梦想，一个在汪洋大海里不用漂泊、不会沉没的地方。

如果不是心怀买岛的理想，我想我不会相信，在这个世界上，除了房子、婚姻、工作之外，还有别的什么。

关于婚姻的另一种方式

老爸有一个朋友，据说是在我还没出生的时候就已经认识的。在我小的时候她总是给我买玩具、买漂亮衣服，后来她生了孩子，但对我还是比对她亲儿子还好，她就是我的干妈。多年前我还住在天津公司的时候，她总是想方设法地照顾我，但那时候我好面子，没钱吃饭的时候从来不跟她说。刚回天津时，有一段时间她不知道我回去了，因为当时她搬家了。后来她知道了，就隔三岔五地叫我去家里吃饭，每次都说菜炒多了吃不完，但每次都做我爱吃的菜。

那时候她做生意，每次去进货都会给我带回来一大堆衣服，让我春夏秋冬从来不缺新衣服穿。她有个男朋友，被我称作“大叔”。大叔平时总是酷酷的样子，早几年我还小的时候，感觉大叔不怎么爱搭理我，但我去他们家吃饭的时候，大叔知道我爱喝可乐，每次都会提前买好。后来大一点儿了我才知道，不是大叔不爱搭理我，只是小屁孩儿跟大人也聊不了啥，说不上话而已。

干妈是个很独立的女人，而且很强大。20 世纪 90 年代的时候开始摆地摊，做小买卖，后来租了半间小门面，再后来就开了好几家店。多年来什么事情都是她自己扛过来的，也遇到过挫折、失败，但她从来都没有向生活的无奈妥协。直到后来，和大叔在一起后，有人照顾了，很多事情都有大叔和她一起分担了。

大叔比较实在，挣的钱都上交，很少因为什么小事发脾气。两个人在一起也从来不分彼此，一起创业，一起打拼，一起买房、买车。干妈和大叔一起过了十几年都没结婚，但从来不为金钱起争执，也把对方的父母当成自己的亲人，家里的气氛永远都是暖的。

这几年他们关掉了曾经打拼出来的店铺，在郊区包了个农场。刚知道的时候我还很好奇，农场能挣多少钱，每天还要下地种菜。他们说这是享受生活，自己种菜自己吃，多幸福。他们的生活，就是两个人白天各忙各的。家里有三条狗：旺财、来福和小石头。下午大叔出去遛狗，干妈在家做饭，等大叔遛完狗回来就开饭。饭后收拾完桌子，大叔就去刷碗，然后一起看看电视，扯点儿闲话，一起聊聊人生、谈谈理想，关灯睡觉。

两个人也有吵架的时候，前一秒还吵得很凶，后一秒就和好了，或者开怀大笑，自己给自己找乐子。我也问过干妈，为什么不跟大叔结婚。她说，在一起这么多年了，结不结婚都一样。

关于仪式感，我一直相信，它是庄重而有意义的，正如《小王子》里所说：“仪式感就是使某一天与其他日子不同，使某一个时刻与其他时刻不同。”但是，当仪式感成为强迫自己必须去做某件事情的理由的时候，就失去了意义。这样看来，在婚姻中真正重要的不是仪式感，而是藏在彼此心中的爱，只有它才能使彼此相处得更好，才能为婚姻保鲜。

我们终将面对离别

在 2010 年的冬天，我的姥姥因病去世了。前一天晚上她还跟我有说有笑的，我回去的时候还送我到门口，嘱咐我注意安全，第二天凌晨我就接到了电话，说姥姥走了。刚刚听到这个消息时，我并没有特别实在的感觉。当我走进太平间，看到小时候最疼我的姥姥盖着白布躺在那里的时候，我依然没有死亡的概念。直到去了火葬场，火化之前和亲人告别的时候，我看着姥姥苍白的面孔，看到她静静地躺在那里，才真的知道，她已经不在这个世上了。

遗体被推进焚化炉，亲人们站在广场上看着火葬场的大烟囱冒出淡淡的青烟，然后收到一盒骨灰。很难想象，这一把灰曾经是一个活生生的人，最后留下一个墓碑，变成了这个人曾经存在过的证明。大家在痛苦不堪中度过了一段日子，又继续过着各自的生活。我们会渐渐淡忘，偶尔想起来还会再难过一下，慢慢地，就不再总是追忆那些已经离世的亲人了。

那是我第一次亲身经历生死离别。

后来我也参加过几次葬礼，慢慢地，我对这样的事情也见怪不怪了。因为心里清楚，时间终将带走一切，带走我们的亲人、我们爱的人，有一天还会把我们从心爱的人们身边带走。

关于死亡，我一直是没有什么概念的，本来以为再过个几十年自己才会老去，从来都没有想过自己会在二十几岁的时候就去思考什么时候死、怎么死，以及死后该怎么办这样的问题。这样深刻的思想稍纵即逝，只有在看到亲人死去时，才会想到自己有一天也会死去，但又想到那是好几十年之后的事情，也就不会深入地去思考了。其实就是在面对不想面对的事情时，大脑自动过滤掉了这个事情。

生命有一天是会结束的，这是大家都懂得的道理。平时总是听别人说，谁谁家的老人去世了，我也都见怪不怪了。就算真的落到自己头上，也不至于哭天喊地地无法接受，伤心一段时间也就过去了。

小时候老爸工作忙，一直是姥姥带着我。再大一点儿，我上幼儿园了，周末也都在姥姥家。姥姥年轻的时候是个裁缝，总是会给我做各种漂亮的小裙子、小衣服、小被子。姥姥做饭也好吃，每周我过去的时候她都会提前准备一大桌子菜。夏天为了不让我吃冰棍，她就会买很多荔枝，放在冰箱里冻起来给我吃。

后来我长大了，家搬到了北京，便很少能见到姥姥了。再后来的几年里我一直都在私塾上学，等我稍微大一点儿了，姥姥却去世了。等我有了经济能力，想起在我还是小孩子的时候就已经去世的亲人，真的会有一种“子欲养而亲不待”的感觉，尤其是小时候一把屎一把尿照顾我长大的亲人。如果姥姥还在，我可以给她买很多漂亮衣服，给她做饭，照顾她的生活，就像小时候她照顾我一样。但是现在，这已经成为一个永远的遗憾了。

正因为心里有了这样一个遗憾，我现在才更加珍惜在世的亲人以及身边亲近的人。因为谁都不知道下一秒会发生什么。很多电影里都出现过这样的情节：上一秒正在吵架的情侣，下一秒就出了车祸。虽然剧情很狗血，但并不代表在现实中不会发生。

我的一个朋友说，高中的时候因为考试的事情跟她爸爸吵架，她一气之下就离家出走了，然后她爸爸在出门找她的时候出了车祸。当她在医院里隔着 ICU 的玻璃看到她爸爸戴着氧气罩昏迷的样子，她真的心碎了——如果爸爸抢救不过来，那将是她永远无法弥补的创伤。她真的无比愧疚，也很后悔和爸爸吵架、让爸爸生气。本来不大的一件小事，自己却那样任性，让爸爸伤心甚至有生命危险。

好在最后她爸爸被抢救过来了。她生长于单亲家庭，和爸爸相依为命，爷爷奶奶都在外地的老家，在北京的只有她和爸爸。她跟我说，爸爸在医院抢救的时候，医生让家属签字，当时只有她一个人是直系亲属，签字的时候她哭得差点儿背过气去。她说，从那以后，她再也不会因为一时心里不爽就跟别人发脾气。无论是对亲人还是对朋友，她都学会了收敛自己的脾气，尤其是对她爸爸。因为在经历过那件事情之后，她真的很害怕自己的言语会伤害到别人，也害怕在这个无常的人生中，在伤害别人之后来会来不及道歉。

人的一生说长也长，说短也短，谁都不知道什么时候会发生意外。历史上那些地震里，多少人还在睡梦中，房子就突然倒塌，所有的一切都在一瞬间被埋没。也许晚饭的时候一家子还在一起谈论孩子的未来，但在下一个瞬间，所有的生命就都结束了。

我也曾看着我心爱的小松鼠在我的手心里慢慢死去，然后我流着眼泪埋掉了它的尸体。就算知道小动物的寿命不长，我也不敢想象养了多年的小呆和二柴有一天死掉了我该怎么办。我只能在它们有限的生命当中，给它们更多的爱和照顾。

人和动物不一样，动物不会说话，不会和人争吵，不会因为意见不合而发生争执，更不会因为烦恼的碰撞去相互仇视。对一个小动物好，只需要有一点儿爱心；对一个人好，则需要智慧，需要用成长的经验去面对自己的烦恼、他人的烦恼。我们能做到珍惜和宠物相处的时间，却很难去珍惜和亲人、朋友、爱人在一起的时间。我们把大部分的时间都用来互相伤害，直到有一天失去之后才追悔莫及。

好在现在还来得及，来得及去学会珍惜现在拥有的一切，来得及去对自己伤害过的人说抱歉，来得及去原谅，来得及去接受，来得及学会放下自己的执着和烦恼，温柔地对待生命中遇到的所有不温柔。

自由式教育成功了吗

前段时间我的公众号后台收到一封私信，来自一个青春期小女生。她跟我说，她辍学在家一年多了，不知道以后该怎么办，听说我也没上过学，希望我能给她指个方向，并留下了自己的联系方式。看到之后我一直犹豫要不要去联系这个小姑娘，我觉得自己还没有资格去给人指路。毕竟青春期的孩子，思想很容易受到外界的影响，如果给了不好的或者不适合她的建议，非旦帮不上忙，反而还会耽误她。

想了很多，我还是决定联系她。我想先了解一下情况，再看看能不能给她一些帮助，想想我在青春期的时候，也曾对自己的未来感到迷茫。联系上之后她和我说了很多，看来每个青春期的孩子都会有烦恼。也许在成年人眼里，和社会生活压力比起来那点儿小烦恼不算什么，但对于正在经历成长的孩子来说，那点儿小烦恼带来的痛苦却是真实的。

她觉得学习压力太大，父母对她不理解，从来不会认真对待她的想法，这导致了她的叛逆，以及对父母、对学习的抵触。最终她的父母实在拿她没有办法，只好让她在家里耗着。但是在家里的日子也不太好过，她每天都不知道做些什么，对自己的未来感到非常迷茫。而她的父母，也因为她的不听话、不懂事而终日烦心，担心她不上学会考不上好的大学，没有学历，将来就找不到好的工作。

这个小姑娘联系到我的时候非常开心，她说她很佩服我，没上过学还能自己做公众号、写文章，她说她也很喜欢写作，不知道以后能不能和我一样独立生活，摆脱父母的约束，做自己想做的事情。看到这些，我也觉得很惆怅，如果可以的话，我真的不太希望每个姑娘都经历我曾经面对的那些烦恼和痛苦。

所以我坚定地告诉她，一定要好好学习。

提早脱离常规的教育体系，确实让我很早拥有了自由，没有父母的约束，没有堆积成山的作业，更没有学习、成绩、考试这样的压力，每天都可以睡到自然醒，想做什么就做什么。就算每天要为了自己的生计担忧，算计着兜里那十块八块零钱够不够付晚餐费，这也都是我自己的选择，不是大人安排的生活。有时候觉得苦了点儿、惨了点儿，但也还算不错。那时候的我，不需要学习了，也不知道自己想做点儿什么，唯一能想到的就是挣钱，因为没钱吃饭。这样的自由真的谈不上快乐。事实上，这种方式并不适合大多数人，因为在这个过程当中，我还是得到了很多来自家族以及父亲的朋友们的帮助。

所以我对她说，试着像朋友一样和父母沟通，真诚地把自己内心的想法告诉他们，尝试着互相理解。父母也不容易，当今社会，很多大学毕业生进入社会之后都还面临着就业困难，连学历都没有岂不是更没有出路了？家长会这样想也是很正常的。只不过知识并不能改变命运，能改变命运的是由知识累积起来的思想认识高度和境界，并不是简单的知识的数量。父母只是太爱自己的孩子了，却不知道该如何表达，一着急也想不到那么多，只能一味地要求孩子考出好成绩。

我觉得她应该是听进去了，毕竟是同龄人。而且，因为是真实经历，交流得很真诚，彼此也都能理解。

她说她喜欢写作，以后想当个作家，但是父母除了学习成绩之外什么都不关心，甚至觉得她写的都是些没用的东西。辛辛苦苦写出来的稿子，连自己的亲人都否定，这让她很难过。我让她写一篇文章，匿名投到我的公众号，我帮她发出来，看看能有多少阅读量，有多少人认可她的文笔。如果反响比较好，就让她拿去给她爸妈看。网络平台是开放的、公平的，谁都不知道写这篇文章的是谁，得到的评价无论好坏，都是真实的。如果大家觉得不好，那就真的说明还有需要改进的地方。她同意了。

我不知道这样做能不能帮到这个正在经历我的过去的小姑

娘，其实我也觉得挺无力的。人，真的要自己经历、自己体悟，别人替代不了。但愿我的建议能起到一点儿作用吧！

除了给她一点儿用处不大的小建议，帮她发布她的文章，我觉得自己也不能给她什么太大的帮助了。孩子青春期的叛逆几乎是让所有家长头疼的问题，如果我能够轻松解决，那么我就差不多能赚到买一个岛的钱了。

后来文章发布了，反响很不错。虽然字里行间透着少女的青涩，但是文笔流畅、思路清晰，我觉得她比我更有写作的天赋。在网上收到许多不错的评价之后，她把文章发给了她的爸妈。她说，她爸爸很惊讶，女儿的文章竟然被一个公众号发布了；她妈妈也很愧疚，以前没有好好地读过女儿的文章。这件事情促进了她和父母之间的感情，给了他们一家子坐下来认真地倾听各自内心想法的契机。她很开心，但还是没有解决辍学的问题。她依然不想上学，父母依然为她不上学的前途而担忧。

一直以来，家长们对于孩子的教育都会在“自由”与“约束”之间反复掂量，并最终做出选择。对于这两种教育方式，我就不多加评论了，因为我们每个人都是独特的。但是对这些教育方式的探索却是不可不做的，正如詹宏志所说：“只有知道足够多的偏见，才会避免陷入偏见，避免走向极端。”

这所特殊的学校，和我非常有缘

命运让我结识了一位女校长——李路静，她在河南创办了一所高中，叫“文心高中”。这里专门收留叛逆的、淘气的、不爱学习的、考试成绩300分以下的孩子。我一直在关注这个学校，和这个学校的很多老师、学生都有交流，也经常会给学校写一些文章。

李老师和我关系很好，每次见面她都会给我带很多特产，我们常常一边吃，一边畅谈人生。李老师曾在许多事情上给过我很好的建议，我也在她身上学到了如何当一个坚强又温和的女性。

李老师是一个很传奇的人。她曾经也只是一个普通女人，有丈夫、有孩子，家庭并不富裕但很温暖，每天和大多数女人一样，相夫教子。直到有一天，她发现，在她生活的那个小县城，有许多因为学习成绩差、分数不够，或者家庭条件不好而放弃学习的孩子。有的孩子是天生不爱学习，有的孩子真的是想学，但是迫于很多现实因素不得不放弃，最难以让人接受的是，有的孩子是被老师劝退的。因为在初一、初二的时候成绩平平，学校怕拖累全校的平均分，就让这些成绩不好的孩子回家了。

这样的孩子有很多。某地教育部门的网站数据显示，每年小学入学 26000 人，考高中的时候有 6000 人，高考的时候只有 5000 人。国外有数据显示，中国约有 63% 的农村青年没有读过高中。

李老师办了一所学校，专门收辍学的孩子，以免他们过早地进入社会，因为当地的风气就是外出务工。这些少年早早便进城打工，或者在父母的安排下早婚，然后，很快就生了孩子。县城里稚气未脱的玩游戏的少年们，有的都已经当上了父亲。

把这些孩子招回学校重新读书，难度很大。曾经有一个孩子不太听话，跟另一个孩子闹了矛盾后去找李老师，说了自己的要求：要么他走，要么我走。面对这样的熊孩子，李老师也没办法了。只要自己一表态，就会伤到其中一个孩子；不表态，两个孩子都不服气。李老师在孩子面前，抬手狠狠地给了自己一个耳光。熊孩子当场就被震撼到了，万万没想到校长会扇自己耳光，他二话没说扭头就走了，跟另一个孩子和好了，从此好好学习，天天向上。

当然，李老师也不是每次都这样。不久前新来了一个孩子，觉得学校条件太差，管理太严，就来问李老师：“我干什么你会开除我？”李老师说：“我这里专收被开除的孩子，你算是找到家了。”那个孩子就知难而退了。

最让人感动的是，有一次几个孩子翻墙逃学出去上网，李老师发现了，就在墙根底下的小板凳上放了几个馒头，她说怕孩子们回来的时候饿着。这几个逃学的孩子翻墙回来，看到板凳上的馒头，从此再也没有逃过学。

李老师苦心经营着学校，还欠着债，但为了这些孩子，依然咬紧牙关捉襟见肘地办学。新学期开始，她从牙缝里挤出钱来，给孩子们换了崭新的棉被。

在这里成长的孩子，虽然物质条件很差，但是精神很富足，以前爱咬手指甲的不咬了，爱玩游戏的不玩了，爱打架的不打了，不爱学习的爱学习了，不爱劳动的爱劳动了。他们的学习和考试不用别人督促，动力来自于他们自己。平时勤工俭学，临到高考，会在老师的指导下拼命做题备考，不是为了胜过别人，而是为了对得起自己的求学生涯，为了检验自己的学习成果。

我认识几个文心高中毕业的男孩子，他们的家庭条件都不太好，但最后全部考上了理想的大学。我和他们的关系都不错，一直都有联系。有一年暑假，正好我要搬家，就叫了两个小伙子过来当苦力，他们还带了一个我不认识的男孩子过来，也是他们的同学。三伏天里，几个小伙子忙里忙外，累得满身是汗，却连个小包裹都没让我拿，一共搬了三趟才搬完。第三次上楼的时候，我发现那个我不认识的男孩子不见了，就问剩下两人，他们说那个男孩子回去了。我说，怎么这就走了，忙了一天，晚上还要请他们吃饭呢。他们说没事。我心里过意不去，加了那个男孩子的微信，跟他道了谢，发了个红包却被退了回来。他说："帮女孩子干体力活是应该的，不用客气，以后有啥事就吱一声，咱别的不会，体力有的是。"

后来我才知道，这个男孩子为了帮我这个素不相识的人搬家，大热天里来回坐了将近 3 个小时的车，干了一天的活，还什么都没说就走了。我心里感觉很温暖，也会一直记着他。

很多孩子在来这所学校之前，都已经被自己的父母放弃了，但是他们在这所学校里一点点地成长，一点点地改变，毕业后成了警察、公务员、商人等，有人甚至出国留学，继续深造。他们中的一些人相约回学校帮老师办学，帮老师还债。

为了办学，为了培养他们，李老师欠了很多债，其中就有不少代课老师的工资。孩子们没有远走高飞，没有只考虑自己的前途和未来，他们要帮老师还债。他们说到做到，一边教学、代课，一边卖几年前老师带着学生们亲手种植的梨，他们给梨起名叫"少年梨"。在这个寡情的时代里，这真的是金子一般的心。

在很多志愿者和社会爱心人士的帮助下，他们摘梨、卖梨，每攒下一点儿钱，就还一些债务，然后兴高采烈地说：“我们又还了某笔债啦。”他们中最小的 17 岁，最大的只有 24 岁。

学校每年都会招收不少新学生，有的是贫困山区的孩子，有的是孤儿、留守儿童，还有的是残疾儿童。放弃吧，不忍心；不放弃吧，就要面对更多、更大的困难。除了经济和物质上的困难，还有精神上的，因为很多孩子都受过心灵的创伤。我们更多的时候都是关注物质上的痛苦，容易忽略孩子们心灵的痛苦，还给他们贴上“熊孩子”的标签。其实，他们只是缺少爱和关怀。但是，讲起来容易，做到真的是太难太难了，因为我们不知道到底要付出多少爱和关怀，才能够改变和温暖一个曾经饱受创伤的心灵。

李老师经常会被淘气的孩子气晕，醒来后，输着液继续干，继续教学，继续还债，继续爱那些熊孩子，继续接收新来的孩子。有的孩子真的不听话，真的很难调教，但是久而久之也就习惯了，李老师也积累了一整套方法。也许对很多人来说这没什么，因为社会上孩子太多了，这种做法对于改变这种状况无异于杯水车薪。但是，对个体来说，对孩子的家庭来说，一个孩子的成长，就是一个个体的成长，就是一个家庭的幸福。

我有一个网友，15 岁，因为家庭原因辍学在家，问我有什么建议。

我就想到李老师和文心高中，突然觉得这个15岁的女孩子应该可以在那里找到解决她的问题的办法。于是我问了李老师，跟她说了具体情况，就把文心高中推荐给了这个女孩子。之后的一段时间我都很忙，也顾不上了解她后来的情况，一个月之后她突然给我发来了消息。

她说："我参加了文心高中组织的夏令营，爸妈同意让我去那里上学了。我爸妈一直不知道该拿我怎么办，之前经常因为我的事情吵架，我也不想他们吵架，但是我真的不想上学。之前我已经辍学很久了，还以为这辈子就这样了，谢谢你让我知道还有这样的学校，还有不痛苦的学习方式，真的很感谢你们改变了我的人生。"

这件事情让我深有感触。多年前我辍学在家，老爸送我去私塾念书，如果当时遇到的是李老师，也许我的人生会有完全不同的轨迹。但是，人生没有如果，现在的我也许没有文心高中毕业的孩子优秀，但是生活经验却比他们多很多。我们的经历不同。李老师是用她内心的爱与包容，针对每个孩子的性格，为他们定制了教育方法，让他们在尽可能快乐的环境下完成传统教育体制内的学业，而我则是彻底远离课本上的知识，在社会和生活的压力下独立成长。

就好比同样都是15岁，他们学习的是用来考试的知识，而我学习的则是挣钱、生活以及与成年人打交道的知识。这当然是有好处的，17 岁的我学会了做生意，20 岁的我能够独自在北京过着勉强舒适的生活，暂时还养得起自己、养得起松鼠。我也想过将来再去上学，拿一个毕业证。可是，对我来说有没有学历已经不重要了，但对于大多数人来说还是有必要的。毕竟许多优秀企业的门槛就是高学历。有文凭，至少能保证有一张入场券。

其实，这个话题，我也是讲不清楚的。这些年又有了“读书无用论”的思潮，这种说法主要是经济发展带来的。在广大农村、乡镇，学习不好的孩子，早就被老师、家长放弃了，早早出来打工贴补家用是他们仅有的出路。

家长、学校、社会对学习好的孩子都褒奖有加。大家都有共识：一定要进名校、进重点，那里的平台不一样，不可轻信“读书无用论”。

事实确实是这样的，但残酷的是，有很多孩子学习不好，重点、名校就那么多，不可能人人都能进去读。应试教育的问题谁都知道，但是，它却是目前看来最公正的人才选拔机制，是莘莘学子看得见、摸得着的改变命运之路。

可是，学习不好的孩子们受到的歧视和内心的创伤有多少人关注过呢？

我觉得我们的社会更应该去关注这个更加庞大的群体，给予他们更多物质和精神上的帮助，而不能功利地依照学习成绩将他们分成不同的等级。学习成绩不好并不意味着不优秀，只是在某一个阶段学习出了问题而已。未来为社会做贡献的不一定都是学习成绩好的那个群体，或者说，至少我们要有警觉，不能放任学习成绩不好的群体成为社会的负担。

我对这个群体的痛苦感同身受。我非常理解他们，也非常愿意为他们提供帮助，因为我理解孩子因学习成绩不好而被老师、家长、学校嫌弃时，内心的痛苦有多么难以忍受。

大人们很少去想这个问题，他们只会逼迫我们学习，然后责问我们：“你为什么学不好？”

李老师很善良，她自己办学受了很多苦，遭了很多罪，但是却从来不放弃她的学生。这些在社会上被称为“差生”的孩子们，在她那里都得到了尊重和爱。

她通常不让别人去了解学生的过去，怕伤害到他们，哪怕记者追问，她也不讲孩子们的过去，以免影响他们未来的生活，这一直是李老师的底线。

但是，我还是想讲一点点我所了解的生命的现实和真相。

文心高中有个孩子，父亲车祸去世，母亲改嫁，继父一直殴打他们母子，家庭暴力长达数年。这个孩子被打得没法上学读书了，就一直不太讲话，内心充满了仇恨。后来进了文心高中，在老师和同学的关爱下，他慢慢开始说话、开始学习了，脸上有了笑容，并且喜欢上了篮球。

有一对姐弟，姐姐 11 岁，弟弟 10 岁，父母外出打工，一直都没有消息，两人都有不同程度的自闭症，辍学后被好心人送到这里。他们的学习成绩都不好，但是没有人歧视他们。

还有几个孩子患有癫痫，无法在原来的学校里读书，长期待在家里也不行，父母出于无奈就把他们送来了。刚来的时候，他们每天都犯病，一天犯好几次，几个月后就好了。找到规律后才发现，孩子受了委屈就会犯病，不开心也会犯病，给予足够的关注、爱，病就慢慢好了。

很多孩子都因为学习成绩不好受到歧视，在原来的学校里被同学欺负、群殴，甚至被猥亵。有的孩子为了找到证明自己的方式去打架，结果闯了祸辍学后来到这里。还有一个孩子，想起她，我的心里就非常难受。她天生智力就比别人差一点儿，学习跟不上，老师都不喜欢她，甚至整个学期都没有改过她的作业。有一天，老师在她的作业本上画了一个勾，这个孩子高兴得晚上睡觉都要抱着这个作业本睡觉。她的母亲是个单亲妈妈，也不知道该怎么办。但终于，她还是因为同学的欺凌而不得不转学。转学后，依然如故，欺凌变本加厉，孩子只能再次辍学。但是，这个孩子太想上学了，在家里待着也很痛苦。

还有一个来自单亲家庭的孩子，严重厌学到崩溃的边缘，但是她的妈妈依然逼迫她学习。她妈妈十分焦虑、烦躁，担心孩子将来没有学历，生活会受到影响，但她却无法理解，孩子现在需要的是内心创伤的平复，而不是学习和考试。

还有几个孩子，家庭条件很好，但就是不想上学，被父母送来后就变得爱学习、爱助人，很奇怪。

幸好，在这个对考试充满了竞争焦虑的社会里，还有文心高中这样一个公益学校。这里有一个校长，一群老师。他们一边让孩子接受体制内的教育，鼓励他们参加高考并且考出好成绩，一边又为他们减压，根据他们的特点制订学习计划，恢复他们的自信，真正地尊重和爱他们，并让他们知道，考不好也没关系，还有更多的出路在等着他们。

有记者问校长李路静："你是怎么把这些孩子变好的？"

李路静回答："我没有把他们变好，是他们本来就好。我只是和他们一起成长，一起克服内心的困难。"

这是我在这个世界上听到的最温暖的话。

距离成功只差一个“好好说话”

我过成这个样子，自己都有点儿因早熟而觉得不好意思了。早熟不是我的错，是我见过的人情世故太多了。

最近又收到了朋友离婚的消息。刚刚结婚一年的小两口，每天不停地争吵，为了柴米油盐争吵、为了婆媳关系争吵、为了种种琐事争吵，最终在争吵中结束了这段婚姻关系。好在他们还没有孩子，两家条件也都不错，没有牵扯很多利益关系，不然还要对簿公堂。

想来也奇怪，好好地过日子，为什么总是要争吵呢？老爸是个出家人，经常有人找他诉苦，诉说他们关于婚姻、家庭、孩子、工作的困惑，关于生活的种种争吵，请他指点迷津。老爸说，世上的一切争吵都来自于烦恼之间的碰撞。想来也有道理。

人的情绪真的很容易会受到影响，上一秒还很开心，如果下一秒有人指着鼻子给你一顿骂，你的心情就会像股市一样突然暴跌。

工作中我们也会遇到许多困难，或者在一段持续忙碌的时间里变得焦虑，这时候如果再遇到态度恶劣、言语过激的人，我们心里积攒的怨气就会瞬间爆发。

上周，我的一个朋友失业了。他很委屈，觉得自己已经很努力地工作了，但领导还是在开会的时候批评了他。长期积攒的压力，加上当着许多人的面被公开批评，自尊心受到了打击，一时没忍住，他便在开会的时候公然和领导大发脾气，把手里的文件狠狠地扔在了桌子上，撂下一句“我不干了”。结果，当然是他失业了。

他在发脾气的时候，完全没有想到自己还有房租要交，还有信用卡要还，一下子失业了，新的工作又不是那么好找。接下来的一段时间里，他的日子都过得很惨，抱着简历四处求职，大家都在说他何必那么冲动。一个七尺男儿，在亲朋好友的议论和现实的压力下，几度濒临崩溃。如果当时他能忍住一时的火气，又或者在发脾气的时候能够稍微控制一下措词，事情可能就不会这么糟糕了。失业很正常，每个人都可能会因为很多种原因而失业，但是因为自己一时冲动脱口而出的一句狠话，破坏了原本还算安稳的日常，把自己的生活搞得一塌糊涂，真是太不值得了。也许在发泄出内心不满的一瞬间感觉很爽，但是承担后果却比在发泄之前忍住内心的委屈要更加艰难。

我和男朋友早些年也经常吵架，都是因为一些无所谓的小事情，但是在当时就觉得很重要，比如因为晚上去吃什么，或者是因为我跟身边的异性朋友出去玩到比较晚，又或者是他和朋友聚会没接我的电话。总之，都是为了一些不值一提的小事争吵个不停。最后的结果就是分开，彼此都冷静一下，然后在不联系的那段时间里，在对方看不到的地方独自难过。

在感情里，两个人发生争执，很多时候除了是想要对方按照自己的意愿行事外，还出于对另一半的关心。我们想让对方感受到我们的爱意，却不知道如何表达。吵架的时候很伤心，很想发泄心里的委屈，表达心里的情感。在被愤怒和着急的情绪牵住时，就顾不上组织语言了，伤人的话脱口而出，说着口不对心的话，其实只是想要向对方表达自己的爱意，却不假思索地甩出了最让别人心痛的话。

后来，我和男朋友不再吵架了，我们越来越觉得没有必要。在一起的时间本来就很少，好不容易见一次再吵个没完，那日子过得也太闹心了。他以前说我一吵架就翻旧账，一件事情最后吵成了好多件事情，我仔细想了想，真的是这样，那样的争执也太没意义了。争吵到最后，只会落得一个彼此伤心难过的结果。

我学着不去计较那些自己看不惯的事情，遇到谁惹谁不开心要吵架的时候，好好说话往往能简单地解决很多问题。“一个巴掌拍不响”，我不跟他生气，不说过分的话，自然也就吵不起来了。就算他在气头上说了一些比较重的话，只要我不去反驳，不再把我心里的不满返还给他，再说几句软话，自然就和好了。

这个经验，让我知道了无论是在工作中还是在生活中，好好说话真的很重要。大家虽然在一起相处，但每个人都是独立的个体，有独立的思想，而且都希望他人能够认可自己的想法，在某件事情上意见不合也是正常的。如果被否认就会想要说明自己的理由，希望得到对方的认可，即使对方不认可也要继续表达自己的想法，这样双方的烦恼就会产生碰撞，越吵碰撞就越激烈。

生活会磨平人们与生俱来的棱角与戾气，最后变成一颗圆润光滑的球。人都在无奈中不断地妥协，让自己看起来越来越柔和。但这并不能让我们快乐，只能让我们在别人看来还算不错。可是在我们自己心里，何尝不会觉得自己活得虚伪，何尝不会感觉自己活得不像自己？明明很讨厌一个人，却还要对他笑脸相迎；明明憋了一肚子的火，却只能自己慢慢消化。

遗憾的是，虽然我们懂得了生活就是要时刻控制自己的脾气，但有时也会觉得委屈，觉得凭什么要我体谅别人，别人又不会体谅我。我对别人笑脸相迎，却换来别人的恶语相向。很多人都遇到过这样的情况：在公交车上给老人让座，结果对方连一句“谢谢”都没有，一屁股坐下还要白你一眼；或者在地铁里，身体有点儿不舒服，只是没有给刚上车的老人让座，就莫名其妙地被骂“现在的年轻人真没素质”。

这样的委屈与不满常常会遇到，我也会觉得委屈，一边觉得好人好心没好报，一边又得收起心里的委屈，因为知道在公共场合发火总归是影响不好。生活中充满了烦恼与苦闷，我们每天都要面对各种负面情绪。有一次我和老爸聊到这个话题，他说，如果我们在对别人好的时候心里希望得到回报，得不到的时候自然会觉得心里不舒服。做个善良的人，就是无条件地对所有人好。你帮助他，他感谢你，你会开心；他跟你翻白眼，你也会开心。就算你的善意换来的是伤害，如果你对他的善意能为他带来些许帮助，你就可以忽略那些伤害。

虽然道理有些深奥，我也很难如此彻底、善良地去对待别人，尤其是那些内心丑恶的人，但这未尝不是一个让自己内心得到放松的好办法。面对来自他人的伤害和种种看不惯，不去计较也就不会那么烦恼了。

一般人面对陌生人带来的负面情绪，还会碍于面子，不致当场发作，但是对熟悉的人、亲近的人，就很少去约束自己，不开心了就会马上说出来，看不惯对方什么行为就会马上指出来。所以我终于理解了为什么很多女生都会觉得自己的男朋友对别人都温柔，对自己就爱发脾气。其实他对别人态度好只不过是要面子，对你发脾气、闹情绪，也是因为潜意识里知道和你发脾气是安全的。想想我们自己又何尝不是如此呢?

我在想，很多时候我们在发泄情绪的时候，如果能够稍微延迟几秒，换一种措词，也许同样的事情会有不同的结果。说话的时候要让人觉得舒服，而不是为了自己舒服。如果在两个人发生争吵的时候，一方能用柔软一点儿的话语来表达情绪，另一方多少都会不好意思再用强硬的态度去说话了。

成长，也许就是慢慢学会控制自己的情绪，学会在合适的时候说合适的话，哪怕是在心情糟糕透顶的时候，也能够微笑面对来自他人的恶语中伤。这也算是我在成长中的一点儿感悟吧!

学会接受每一份糟糕的感受

2017 年冬天，很多人在北京感到了格外的寒冷，我也感受到了 20 年以来最大的压力——生活的压力。我曾经认为每天为了面包而担忧的日子是最悲惨的，但和现在比起来，那时候需要担忧的也只有面包而已。

首都真的很发达、很有活力，充满机遇，也充满希望，但是，房子却让北漂们心碎。

这个冬天的房租涨得特别快，价格每小时都在变，我住的公寓夏天搬过来的时候房租还不算高。在全城房租暴涨之时，很多房东开始谋划着涨价，设法驱赶原有的住户，就算所有住户都去投诉，他们也只采取不理睬的策略。他们希望租户们受不了了主动搬走，这样就可以涨房租，出租给新的住户。

每一个北漂都遇到过几个不讲理的房东，但是没有办法，因为我们买不起房子，租别人家的房子就只能把姿态放低，接受所有的不愉快和愤愤不平。

我住的公寓的房租是我薪水的一大半，这也实在是没办法。房价的飙升致使人们的心态逐渐失衡，公寓每天都会出现各种问题，耳边充满了邻居们的抱怨。我自己也会抱怨，因为花了很多钱却还要每天受气。大家的抱怨越多，管理方制造的麻烦也就越多，不再有人打扫公共区域的卫生了，客服也不对住户的问题进行回复了，环境变得越来越混乱。管理人员为了让签了低价房屋租赁合同的人快点儿搬走，在寒冷的 12 月，拒绝付钱维修中央空调。室内温度只有 15℃，我们却又无可奈何。商人想挣钱没有错，消费者希望得到与付出的金钱成正比的环境也没有错。也许是想法不在一条路子上，许许多多的烦恼开始相互碰撞。

白天在职场要面对许多令人疲惫的事情，道理我都懂，但我还是没办法做到像出家人那样，真正看破、放下、不执着，只能不断调整自己的心态，平复时刻起伏不定的情绪。现在就连我在结束了一天的忙碌之后可以放松心情的安心小窝，也变成了充满烦恼的地方。我本以为只要自己对别人和气，就不太会被刁难，一切都会变好。但是我忘记了，这个世界本来就充满着各种利益的冲突、资源的冲突、观念的冲突、情感的冲突，从来就不存在什么安乐窝。

一开始我还尝试通过逃避来解决问题，但最终失败了。

于是在这个寒冷的冬天，我再一次开始为自己寻找新的住所。我在网上搜索所有能力范围内能够负担的房源，打了无数个电话，联系了很多个中介，周末顶着寒冬的大风四处奔走，跑过许多地区，看过许多房子。但是房租涨得太快了，随便一间小屋子，就能花掉我 2/3 的工资，算下来比现在住的地方还要贵得多，已经让我负担不起了。当我结束了找房之旅、心里揣着伤心和无奈再次回到现在住的小公寓时，才发现原来“换一个”，什么问题都不会解决。

我也想过离开这里，去一座阳光正好的小城市生活，摆脱大城市的纷乱嘈杂，但这也只不过是一种逃避。换一座城市、换一份工作、换一个房子，也只有在刚刚换到的时候才会感觉开心，开心于自己又换了一个环境，可以重新开始一种新的生活，但很快又会觉得疲惫、觉得厌烦，为遇到的种种问题而烦恼。我常常会忘记，上一次换了新环境的时候，也同样感觉到了所谓的快乐，但是转瞬即逝，随即就被新的问题淹没。

人的心总是这样来回拉锯。

很多时候，你确实能真切地感受到内心快要崩溃，经常会在一个阶段特别忙碌，手机不停地响，一件事情没解决，另一件事情又冒出来，在忙得脚打后脑勺的时候，依然有人用各种信息在催促你、逼迫你。

房租账单提醒你不要忘记交房租，朋友打来电话和你诉苦，银行短信在提醒你余额不足，衣服该洗了，房间该收拾了，外卖的垃圾该扔了，做饭的食材该去菜市场买了，好不容易放个长假又生病了……

这种时候我总是想要扔掉手机，关掉电脑，然后什么都不干，躺在床上发呆。但是我不能，手机还在响，工作还要做，文章还要写，衣服还要洗，菜还得买，人际关系还要维护，该交的钱还要交。就连哭的闲暇都没有，因为还有一大堆事情没有做完。

可能单身生活就是这样的吧，许多人能够把精力完全放在某一件事情上，也许是因为在他的背后有人愿意去为他解决生活上那些烦琐的事情，无论是父母，还是妻子、丈夫。但对于我，一切都需要自己去解决。任何一件微不足道的小事，哪怕是一个不小心打碎的杯子，都会成为压死骆驼的最后一根稻草。

不过，这个想法也不靠谱，两个人生活应该也有两个人生活的麻烦和问题，因为本来一个人的问题现在变成了两个人的问题。

人，就是这样，遇到痛苦只想逃避，可逃来逃去，谁也逃不出去。

生活中每个琐碎的细节都在消耗着人的精力，琐碎到洗衣服的时候要把袜子和内衣分开，扔完垃圾要给垃圾桶套上袋子，马桶水箱里的洁厕剂用完了要加进去，浴室下水道被头发堵住了要清理，加湿器要加水了，充电宝要充电了，洗发水用完了……真的把这些琐碎的事情讲全了，我还能再多写一万字。

身为女孩子，要维护自己的外在形象，这不光是对自己负责，也是对他人的尊重。穿着不需要华丽，但是要干净利落；可以不浓妆艳抹，但至少不能顶着一脑袋油光锃亮的头发去上班。没有人照顾后勤的男生，可以西装革履却穿着半个月没洗的袜子，但女生不行。我承认我是个懒人，懒到吃饭都懒得嚼，尽量吃些软的东西，我不化妆、不打扮，买衣服都买快销店打折的一包 4 件同样颜色的 T 恤，即使如此，总还是要把衣服都洗干净晾起来，晒干后再叠好收起来。

一天 24 小时，每天工作 8 小时，上下班的路上 2 小时，早上 7 点起床收拾，8 点出门，下班 7 点到家。7 点到 9 点的 2 小时用来做饭、收拾房间、洗澡如厕，一天中的 14 个小时就已经过去了。剩下 10 个小时的睡眠时间中，要根据忙碌的程度，分出两三个小时的时间来处理上班之外的工作。如果这个阶段不是很忙，还会有一些偷懒的时间，刷刷微博、玩玩游戏，放松一下大脑；但是很忙的时候，也许一天都想不起来要喝水，上下班的路上都能睡着。这就是大多数北漂的一天，而我也只是其中的一员。

这一切是自己选的，就一定要自己扛下去，但这并不代表我不会觉得疲惫。环境好点儿的住处会带来经济压力，追求干净整洁的生活环境就要付出更多的时间和精力。我也可以换个便宜的合租房子，但每天还要面对合租室友之间水电费谁家用得多、谁家该多交一点儿的问题。我也可以邋遢一点儿，衣服穿很久才洗一次，每天不做饭，叫外卖，不用买菜也不用刷碗，垃圾堆到没地方放的时候才扔，把所有的精力都用在工作上。但是当下班回到家，看到屋里像个垃圾站的时候，心情只会更糟。所以无论是哪一种生活方式，都要面对不同的问题；无论如何选择，生活都是疲惫的，这一点始终都不会改变。

我很确定，当我扛过了这个阶段，我各方面的能力都会提高，但正在经历这个阶段的时候，心里更多的是抱怨和对当下状态的不满。和不需要这么辛苦的人比较一下，我的负面情绪就越来越多，心情也越来越糟糕，觉得自己好可怜、好悲哀、好凄惨。直到所有的悲伤把自己淹没，一个人在深夜里抱着枕头痛哭流涕，第二天还不得不把沾满自己鼻涕、眼泪的枕头套拆下来洗干净。

那天我顶着寒风出去找房子未果，回到家之后好像被冷风吹醒了一样。我突然发现，生活中一切的不顺心、不满意，都是在我们发现了某件事情、某个状态并不是我们想要的而想要去改变的时候。一切烦恼的根源，都是因为想太多。

觉得现在住的地方是非多，“想要”换房子，找了一圈发现没有合适的，只能无奈地继续住下去。每天想着那些是非，只会让自己烦乱。如果不去想，就没事了。至少现在有一个遮风挡雨的房顶，至少坐落在比较体面的路面上而不是地下室，至少我是独自居住而不需要和不认识的人合租，这不是很好吗？

觉得现在的工作太累了，“想要”换一份工作，但是换了新的工作就不累了吗？还是一样累。想想上一次换新工作时，难道不也是开心一时，然后依然觉得很累吗？

觉得一线城市节奏快、压力大，“想要”换一座城市生活，当然谁都可以这样做。山清水秀的乡村也好，面朝大海的城市也罢，生活的压力依然跟随着我们，哪怕是漂洋过海穿过太平洋，去一个从未接触过的国家。如果我们的内心不改变，无论去了哪里，痛苦都会跟到那里。

我忽然意识到，我们在“想要”改变什么的时候，不是去改变，而是去接受当下遇到的所有糟糕的事情，以平常心去接受，以智慧心去处理，结局自然就会朝着好的方向改变。脚踏实地，眼界放远，踏踏实实地做当下的每一件事，很多问题同时出现也没关系，做好安排，一个一个去解决、去面对，而不是去抱怨。遇到不开心的事情、糟糕的事情、让人伤心的事情，都要试着接受；遇到伤害我们的人，遇到让我们悲伤的事，接受不了也没关系，可以暂时放一放，也没必要再去想，一遍一遍地伤自己的心，等到什么时候能够接受了，再去面对就好。

活在这个世界上，是好是坏都是自己的看法。以前那么穷，有开心的时候，也有忧伤的时候；收入稳定一点儿了，同样也是有开心，也有忧伤。我身边有钱、有房、有车的人，同样也是有开心、有忧伤。

我得出了一个结论：面对生活，越反抗越受伤。我们每个人终究要被迫去接受一切的不合理、不公平，一切的伤害、背叛。我们每个人最后都要关注自己拥有的，不要去在意自己没有的。我能在北京有一份稳定的工作，有关心我的领导和同事，有帮助我的朋友，有稳定的收入，有小松鼠，有租住的公寓，还有出版社找我约稿，有公众号，有健康的身体，有可以为之努力的理想。

相比之下，这一切已经很好了，我没有必要再去抱怨和伤心。想想文心高中的孩子们，我已经非常幸运了，真的没有资格说自己很苦。

我就这样尝试着知足和接受，果然好了一点儿，纠结少了，和别人的交流也踏实稳妥了很多，不再像以前那样有脾气了。我想，这样下去，我不敢说生活会变得一切顺利，但至少不会过得那么不顺心。

降生万丈红尘 20 年，该见的和不该见的都见了，该经历和不该经历的都经历过了。不寻常的家庭和教育经历，让我拥有了一个曲折的成长过程，却也让我得到了一颗平常心。

我曾经吃过亏、上过当、遭过罪，也尝过甜，在最天真的年纪走进了最残酷的生活，在本该放肆挥洒青春的年纪，不得不为第二天的晚饭和住所担忧，却也因此学到了生存的技能。也许在这个特殊的成长过程中，我失去了儿时家庭的关爱，失去了青春的灿烂，过早地独自面对生活又让我失去了对很多事情的热情，但是，人却务实了，这是好事还是坏事呢？我也说不清楚。

在一次展会上，一位老板说："小呆什么都挺好，说话办事都挺成熟，就是看着太老成了，一点儿都没有小姑娘该有的活力。"这句话我之后想了很久，一个孩子表现出她这个年纪不该有的成熟，是不是会让人诧异呢？但也没什么大不了的，如果我不是长了一张小圆脸，谎报一下年龄大概也会有人相信吧！

也许我曾失去了在许多人眼里很重要的人生部分，但我认为这还不算是最坏的人生，还有一点儿价值。独立让我即便一个人走到世界的另一头也能够咬牙坚持下来。过去的种种经历——好的、坏的，甜蜜的、伤心的，都是对内心的一种修炼，一颗柔软、有弹性的心，不会那么容易受伤。在未来的生活中，无论感情、事业、生活中遇到什么样的问题，我想我一定会努力尝试妥当地处理。真的遇到处理不了的事情也没关系，慢慢学着解决，至少我不会因此崩溃。在独自走过的煎熬的岁月里，我学会了放下内心的种种执着，忘掉曾经非常在意的那些是是非非。

成长也好，人生也罢，都是在痛苦中不断追寻解决痛苦的方法，最终学会接受每一份糟糕的感受。

人生，就是用来接受的，不是吗？